가자, 장미여관으로

마광수 시집
가자, 장미여관으로
(개정판)

• 개정판을 내면서 •

『가자, 장미여관으로』를 산뜻한 개정판으로 다시 내게 되어 기쁘다. 나는 시로써 문학생활을 시작했고, 발표한 시를 바탕으로 그것을 산문화하는 작업을 계속해 왔다. 『나는 야한 여자가 좋다』나 『사랑받지 못하여』, 『왜 나는 순수한 민주주의에 몰두하지 못할까』 같은 에세이집 제목도 먼저 쓴 시 제목에서 따온 것이고, 장편소설 『권태』나 『광마 일기』, 그리고 『즐거운 사라』나 『별것도 아닌 인생이』 등도 먼저 쓴 시의 제목이나 모티프를 빌린 것이다. 그러므로 『가자, 장미여관으로』에 실려 있는 작품들은 내 정신세계의 응축이라고 할 수 있다.

그러면서도 시를 많이 발표하지 못한 것은, 우선 시단이나 문학잡지사 측에서 내 시를 백안시했기 때문이고, 또 나 자신 시를 아꼈기 때문이기도 하다. 나는 시를 변비 걸린 사람의 '압축된 똥'에 비유한 바 있거니와, 평생 동안 시만 쓸 경우 중언부언의 넋두리가 될 위험성이 크다고 생각했기 때문에 산문을 쓰기 시작했다.

『가자, 장미여관으로』를 낸 1989년은 내 상상력이 한창 무르익을 때였다. 같은 해에 나온 에세이집『나는 야한 여자가 좋다』와 함께, 나는 한국 문학의 경건주의와 도덕주의를 부수려고 노력하며 솔직한 대리배설의 문학을 새로운 문학으로 제시했다. 그래서 꽤 많은 독자들에게 격려의 박수를 받기도 했지만, 한편으로는 모럴 테러리스트들의 끊임없는 중상과 매도에 시달려야 했다. 그러다가 나는 상상조차 단죄하려드는 수구적 권위주의자들에 의해 1992년 10월에 소설『즐거운 사라』가 야하다는 이유로 검찰에 의해 구속·수감당하기까지 했다. 문학작품이 야하다는 이유로 작가를 형사범으로 긴급체포하고 실형을 언도한 점에서 세계적으로도 유례가 없는『즐거운 사라』필화사건도, 따지고 보면『가자, 장미여관으로』의 여파 때문이라고 볼 수 있다. 그래서 이 시집은 더욱 잊혀지지가 않을 것 같다.

  이 시집의 제목이 마치 성해방의 구호처럼 인구에 회자되자, 나는 1990년에 어느 영화사의 요청으로 같은 제목의 시나리오를 써서 영화감독을 맡기까지 했었다. 3분의 1쯤 찍다가 너무 음란하다는 이유로 중단되고 말았는데, 그런 해프닝이 벌어진 이유 역시 내가 너무 시대를 앞질러 갔기 때문이 아닌가 한다. 시네 포엠(시적 영화) 형식으로 씌어진 시나리오「가자, 장미여관으로」가 너무 아까워 나는 그 내용을 다시 소설화하여『페티시 오르가즘』(초판 제목은『불안』)이라는 제목으로 출간했다. 아무튼『가자, 장미여관으로』는 내게 엄청난 구설수와 함께 괴롭기도 하고 드라마틱하기도 한 경험을 제공해 준 셈이 되었다.

  내가『가자, 장미여관으로』를 낼 때까지만 해도 인간의 본능이나 성을 직설적으로 형상화하는 문인은 우리나라에 없었다. 그래서 나는 실컷 욕만 얻어먹고 문단에서 외면당하는 신세가 되었다. 그런데 요즘은 인간의 본능을 다루는 젊은 작가들이 많이 나오고 있다. 그래서 나는 약간 '억울감'을 느끼기도 하는데, '앞서 간' 것이 죄가 되어 요즘도 대다수의 문인들과 독자들이 나를 외면하고 있기 때문이다. 이른바 신세대 작가들의 '야한 문학'은 칭찬하면서도 내 작품에 대해서는 폄하하는 태도를 취하는 이유를 나는 알다가도 모르겠다.

내 시는 본능을 노래하기 이전에 우선 쉬운 구어체의 리듬감을 살리는 데 주력한다. 그래서 철학적인 해체시나 포스트모더니즘 시와도 거리가 멀고, '몸 담론 시'와도 거리가 멀다. 자유에 대한 한없는 갈구를 갖고서 이중적 위선을 철저하게 배격하면서, 최대한 나를 발가벗기는 것이 내 시의 모토이다. 그러면서 '능청' '청승' '비꼼' 등의 요소를 최대한 시에 집어넣으려고 노력한다.

요즘 뒤늦게 폭발하기 시작한 성에 대한 '양다리 걸치기'식 담론의 유행을 보면서, 나는 슬프면서도(내가 성 담론의 '문'만 열어놓고 실속도 못 차린 채 늙어버린 문인인 것 같아서) 기쁘고(아직 내가 마음만은 요즘 신세대 문인들보다 젊고 야한 것 같아서), 또 쓸쓸하면서도(너무 외로워서) 희망이 생겼다(이젠 진짜로 야한 여자를 만날 수 있을 것 같아서). 어서어서 미칠 듯 사랑을 하고 싶어진다. 아주 착하면서도 광적(狂的)으로 야한 여자와. 그리고 아주 손톱이 길면서도 마조히스틱한 오르가슴을 즐기는 여자와.

2013년 9월
馬光洙

• 초판 서문 •

'장미여관'은 내 상상 속에 존재하는 가상의 여관이다. 장미여관은 내게 있어 두 가지 상징적 의미를 갖고 있다. 하나는 나그네의 여정(旅程)과 향수를 느끼게 해주는 여관이다. 우리는 잡다한 현실을 떠나 어디론가 홀가분하게 탈출하고 싶은 충동을 느끼며 살아간다. 나의 정체를 숨긴 채 일시적으로나마 모든 체면과 윤리와 의무들로부터 해방되어 안주하고 싶은 곳―그곳이 바로 장미여관이다. 또 다른 하나는 '러브호텔'로서의 장미여관. 붉은 네온사인으로 우리를 유혹하는 곳, 비밀스런 사랑의 전율이 꿈틀대는 도시인의 휴식공간이다.

우리는 진정한 안식처를 직장이나 가정에서 구할 수 없다. 직장의 분위기는 위선적 체면치레와 복잡한 인간관계가 얽혀 우리를 숨 막히게 한다. 가정은 겉보기엔 단란하지만 사실상 갖가지 콤플렉스들이 얽혀서 꿈틀대는 고뇌의 장(場)이다. 가족관계란 싫든 좋든 평생 묶여서 지내야 하는 굴레가 될 수도 있기 때문이다. 이럴 때 우리는 잠깐만이라도 모든 세

속적 윤리와 도덕을 초월하여 어디론가 도피함으로써 자유를 호흡할 수 있어야 한다. 장미여관—그 달콤한 음탕과 불안한 관능이 숨 쉬는 곳. 거기서 우리는 비로소 자연의 질서와 억압에 저항하는 '관능적 상상력'과 '변태적 욕구'를 감질나게나마 충족시킬 수 있고, 우리의 일탈욕구(逸脫欲求)를 위안 받을 수 있다.

이 시집의 표제로 삼은 「가자, 장미여관으로!」를 쓴 1985년 여름을 전후하여 내 시 스타일은 많이 바뀌었다. 그 이전까지는 유미적 쾌락에의 욕구와 현실 상황에 대한 고뇌 사이에 '양다리를 걸치는' 식의 내용이 많았다. 여인의 긴 손톱은 섹시하다, 그러나 그런 손톱은 '민중적 손톱'은 아니다, 라는 식으로 말이다. 나는 공연히 '민중적 고뇌'로 괴로워하는 척하면서 지식인의 명예욕을 충족시키고 있었던 것이다. 나의 초기작에서는 치열한 고뇌와 갈등이 엿보이는데 요즘 작품은 너무 퇴폐적으로 흐르고 있다고 지적해 주는 분들이 많다. 그러나 오히려 나로서는 그 '치열한 고뇌의 정신'이 부끄럽고 창피하게만 느껴진다. 말하자면 나는 솔직하게 발가벗지 못하고 그저 엉거주춤 발가벗는 척하기만 했기 때문이다.

그 이후로 나는 그런 지식인의 위선을 떨쳐 버리기로 결심하였다. 아무런 단서나 변명 없이도, 여인의 긴 손톱은 아름답고 야한 여자의 고혹적인 관능미는 나의 상상력을 활기차게 한다. 모든 사람들을 다 민중으로 만들 것이 아니라 다 귀족으로 만들 수 있도록 해야 한다는 것, 그래서 귀족들만이 누렸던 감미로운 사치와 쾌락을 맛볼 수 있도록 해야 한다는 것이 요즘의 내 생각이다. 사람들은 모두 '진정한 쾌락'을 위해서 산다. 지배계급에 대한 적의(敵意)는 쾌락에 대한 선망일 뿐, 숭고한 평등의

식의 소산은 아니다.

  누구나 잘사는 사회, 누구나 스스로의 야한 아름다움을 나르시시즘으로 즐길 수 있는 사회를 만들어야 한다. 일을 안 해 '희고 고운 손'을 질투한 나머지 모든 여성의 손을 '거칠고 못이 박힌 손'으로 만들어 버리자고 신경질적으로 주장해서는 안 된다. 모든 여성의 손을 다 '길게 손톱을 기른 화사한 손'으로 만들 수 있는 방법을 강구해야 한다. 노동은 신성한 것이 아니라 괴로운 것이다. 모든 사람들이 '괴로운 노동'으로부터 해방되어, '즐거운 노동', 이를테면 화장이나 손톱 기르기 등을 통해 자신의 아름다움을 가꾸는 노동에서 진짜 관능적 쾌감을 얻을 수 있도록 구체적인 해결책을 모색해 봐야 할 것이다. 따라서 유미주의에 바탕을 둔 쾌락주의, 또는 탐미적 평화주의가 요즘의 내 신조라면 신조라고 할 수 있다.

  즐거운 권태와 감미로운 퇴폐미의 결합을 통한 관능적 상상력의 확장은 우리의 사고를 보다 자유롭고 풍요롭게 만들어 준다. 인류의 역사는 상상을 현실화시키는 작업의 연속이었다. 꿈이 없는 현실은 무의미한 것이고 꿈과 현실은 분리되지 않는다. 꿈은 우리로 하여금 현실적 실천을 가능케 해주는 원동력이 되어 주기 때문이다. 시에서의 상상이 설사 '생산적 상상'이 아니라 '변태적 상상'이 된다 한들 무슨 상관이 있겠는가. 시는 꿈이요, 환상이요, 상상의 카타르시스이기 때문이다. 꿈속에서 하는 행위조차 윤리나 도덕의 간섭을 받아야 한다면 우리의 삶은 정말로 초라하고 무기력해지고 말 것이다. 누가 뭐래도 나는 시를 통해서 사랑의 배고픔과 사디스틱한 본능들을 대리배설 시키고, 또 그럼으로써 격노하는 본능과 위압적인 양심 사이에 평화로운 타협을 이루고 싶다.

하지만 솔직히 말해서 현실 속의 나는 여전히 외롭다, 외롭다. 진짜 관능적인 사랑, 진짜 순수하게 육체적인 사랑, 모든 이데올로기적 선입관과 도덕적 위선을 떨쳐 버리고 솔직하게 발가벗을 수 있는 사랑이 내 앞에 펼쳐지기를 나는 애타게 기다리고 있다. 하지만 과연 그 누가 나의 이 허기증을 달래 줄 수 있을는지? 그 어느 날에나 나는 상상 속의 장미여관이 아니라 진짜 현실 가운데 존재하는 장미여관에 포근하게 정착할 수 있을는지?

1989년 4월
마광수

• 차례 •

개정판을 내면서 _ 5
초판 서문 _ 8

1. 엿보이는 것은 아름답다

사랑 _ 21
비밀 _ 22
비가(悲歌) _ 24
나는 야한 여자가 좋다 _ 26
모든 것이 불안하다 _ 28
연가(戀歌) _ 30
손톱 _ 32
왕(王)·1 _ 34
왕(王)·2 _ 36
왕(王)·3 _ 37
예비군 훈련장에서 _ 38
평화 _ 39
1985년 여름·저녁 한때의 카페 풍경 _ 40
가지치기 _ 42
오십 보 백 보 _ 43
기차를 타면 나는 막 소리쳐 자랑하고 싶어진다 _ 44
술 _ 46
삼위일체(三位一體) _ 48
청춘고백 _ 50
역사 _ 54

2. 야하디야하다

　　　　권태 _ 57
　　　　변태 _ 58
　　　　불편한 것은 아름답다 _ 59
　　　　야하디야하다 _ 60
　　　　밀회(密會) _ 62
　　　　진짜 사랑스러운 여인 _ 64
　　　　자궁 속으로 _ 65
　　　　고독 _ 66
　　　　여성해방운동? _ 67
　　　　성당 앞의 걸인 _ 68
　　　　꿈 _ 70
　　　　싹 _ 72
　　　　그가 그녀와 만나 달콤하게…… _ 73
　　　　연극이 끝난 뒤 _ 74
　　　　눈 _ 76
　　　　효도에 _ 78
　　　　석가 _ 80
　　　　여자가 더 좋아 _ 82
　　　　자살자를 위하여 _ 84
　　　　행복 _ 86

3. 가자, 장미여관으로!

유혹 _ 89
가자, 장미여관으로! _ 90
사치(奢侈) _ 92
죽고 싶기 _ 94
우리는 사랑했다 _ 96
봉투 붙이기 _ 98
마음이 외로울 때 _ 100
신(神)·1 _ 101
신(神)·2 _ 102
신(神)·3 _ 104
신(神)·4 _ 105
죽음 앞의 예수 _ 106
잡초 _ 108
그가 이젠 개고기를 먹지 못하게 된 이유 _ 109
손 _ 110
도깨비불 _ 112
그 여자의 손톱 _ 114
사랑이여 _ 115
씨 _ 116
뾰족구두 _ 117

4. 왜 나는 순수한 민주주의에 몰두하지 못할까

성욕에 _ 121

귀골(貴骨) _ 122

늙어가는 노래 _ 124

나는 즐거운 마조히스트 _ 126

업(業) _ 128

왜 나는 순수한 민주주의에 몰두하지 못할까 _ 130

우리들은 포플러 _ 132

어른이 될 때 _ 134

사랑받지 못하여 _ 136

영구차와 개 _ 138

벽 _ 141

당세풍(當世風)의 결혼 _ 142

털 _ 143

고구려 _ 144

여우와 포도 _ 146

가을 비가(悲歌) _ 148

자화상 _ 149

국가 _ 150

자유에 _ 151

별 _ 152

5. 개처럼 사랑하고 싶다

사랑노래 _ 157

자유를 잃어 차라리 늠름한 어느 노예에게 _ 158

그네 _ 160

장자사(莊子死) _ 162

죽음에 대하여 _ 164

빨가벗기 _ 166

배꼽에 _ 169

낭만적 _ 170

천국과 지옥 _ 172

겁(怯) _ 174

십자가의 예수가 죽음을 내다보며 _ 176

개처럼 사랑하고 싶다 _ 177

황제와 나 _ 178

7월 장마 _ 181

대학 _ 182

거꾸로 본 세상은 아름답다 _ 184

석조전(石造殿) _ 186

망나니의 노래 _ 188

가을 산제(山祭) _ 190

사랑하는 이여, 난 당신 손톱이 좋았지 _ 192

6. 인생은 즐거워

첫눈에 반할 때 _ 197

물과 불 _ 198

사랑도 권태 _ 200

인간? _ 202

게으름 병(病) _ 204

죽음 연습 _ 206

마음 _ 207

원반던지기의 인상 _ 208

동경 _ 210

미(美)에 대하여 _ 212

진혼사(鎭魂詞) _ 214

허세 _ 215

일과(日課) _ 218

빈센트 반 고흐의 죽음 _ 221

나이테 _ 222

인생은 즐거워 _ 225

웃는 사람들 _ 226

나는 즐거운 레즈비언 _ 228

장미여관과 민주주의 _ 230

서기 2200년 _ 232

작가 약력 _ 239

1.

엿보이는 것은
아름답다

사랑

사랑하고 사랑하고 사랑했는데도
내 가슴속에는 네 몸뚱어리만이 남았다
내 빈약한 육체 속에서 울며 보채대는 이 그리움의 정체는 뭐냐
네 영혼을 사랑한다고, 네 마음을 사랑한다고
하늘 향해 수만 번 맹세를 해도
네 곁에 앉으면 내 마음보다 고놈이 먼저 안달이다
수음(手淫)과는 이제 자동적으로 친숙해진 나에게
너는 대체 무엇 때문에 내려왔느냐
어째서 모든 거리마다에서
너는 내게 고독으로 다가온단 말이냐
사랑하고 사랑하고 사랑했는데도
내 가슴속에는 네 몸뚱어리만이 남았다
끊으려 해도 끊으려 해도 끊어지지 않는
이 사랑, 이 욕정,
이 괴상한 설레임의 정체는 뭐냐

(1979)

비밀

엿보이는 것은 아름답다

손톱을 아주 길게 기른 여인이 긴 대나무 젓가락을 불편하게 쥐고 음식물을 위태롭게 집어 올릴 때
젓가락 사이로 살짝살짝 엿보이는 비수처럼 뾰족한 핏빛 매니큐어,
카드놀이를 할 때 카드 사이로 슬쩍 스쳐가는 여인의 얼굴,
부채를 손에 쥐고 있는 여자,
(이때 부채가 투명한 것일수록, 즉 차폐물(遮蔽物)이 무력하면 무력할수록 여자는 더 섹시하게 보인다)
커다란 유리잔도 효과적인 차폐물,
핑크빛 조명 아래서 커다란 와인글라스를 통해 엿보이는 여인의 흰 가슴은 아름답다
(투명한 유리잔은 깨지기 쉽다는, 또는 깨어지기를 원하는, 여인의 상징적 신호이다)

사람을 차폐물로 써도 모든 것을 훨씬 아름답게 한다
한 사람을 차폐물로 이용하면서
또 다른 한 사람과 다소 안쓰럽고 감질나는 교제를 할 때
즉 삼각관계 속에서 엿보이는 그녀의 모습은 한결 매력적으로 돋

보인다

　모자를 깊게 눌러 쓴 여자도 아름답다
　선글라스를 쓴 여자도 아름답다
　선글라스를 쓴 여인은 다만 자기의 시선을 남들이 엿볼 수 없다는 이유만으로
　오직 엿보여진다는 것만으로
　스스로의 알몸뚱이조차 상상적으로 노출시킬 수 있는 쾌감이 있다

　양복 깃을 올려 목과 얼굴을 살짝 가린 여자는 아름답다
　머리카락을 늘어뜨려 이마와 두 뺨을 가린 여자도 아름답다
　(업스타일의 숏커트로 얼굴을 온통 드러낸 여자는 징그럽다. 무섭다. 너무 비밀이 없다. 엿보이는 것이 없다. 그래서 당당해 보이긴 하지만 관능적이지는 않다)

　나는 엿보이고 싶다
　나는 엿보고도 싶다
　비밀은 언제나 아름답다

(1988)

비가(悲歌)

    콜라를 병째로 마시는 여자는 욕구불만증
    길쭉한 김밥을 볼이 미어지게 먹고 있는 여자도 욕구불만증
    '아이스 바'를 깨물어 먹지 않고 혀끝으로 핥아먹는 여자는 관능적인 여자
    햄버거보다 핫도그를 좋아하는 여자도 관능적인 여자
    줄담배를 피우는 여자는 외로운 여자

    호수에 빠지는 꿈은 여자에게 안기고 싶다는 것
    잉크를 엎지르는 꿈은 여자가 쾌감을 바라고 있다는 증거
    (그것이 빨간 잉크라면 처녀성 상실에의 불안과 기대)
    하늘을 날고 구름 위에서 한숨 자는 꿈이라면 섹스 후의 상쾌한 해방감

    손톱을 길게 기른 여인을 보면 섹스하고 싶다
    송곳같이 뾰족한 하이힐로 소리 높여 걷고 있는 여인을 보면 섹스하고 싶다
    입술을 반쯤 벌리고 빨간 립스틱을 바르고 있는 여인을 보면 섹스하고 싶다
    꽉 조이는 넥타이를 매고 나간 날은 섹스하고 싶다(여인에게 목을

졸려 질질 끌려 다니고 싶다)

    하루 종일 외로움에 시달린다
    하루 종일 성욕에 시달린다
    한평생 외로움에 시달린다
    한평생 성욕에 시달린다

    차라리 죽고 싶다

(1988)

나는 야한 여자가 좋다

나는 야한 여자가 좋다
꼭 금이나 다이아몬드가 아니더라도
양철로 된 귀걸이나 목걸이, 반지, 팔찌를
주렁주렁 늘어뜨린 여자는 아름답다
화장을 많이 한 여자는 더욱더 아름답다
덕지덕지 바른 한 파운드의 분(粉) 아래서
순수한 얼굴은 보석처럼 빛난다
아무것도 치장하지 않거나 화장기가 없는 여인은
훨씬 덜 순수해 보인다 거짓 같다
감추려 하는 표정이 없이 너무 적나라하게 자신에 넘쳐
나를 압도한다 뻔뻔스런 독재자처럼
적(敵)처럼 속물주의적 애국자처럼
화장한 여인의 얼굴에선 여인의 본능이 빛처럼 흐르고
더 호소적이다 모든 외로운 남성들에게
한층 인간으로 다가온다 게다가
가끔씩 눈물이 화장 위에 얼룩져 흐를 때
나는 더욱 감상적으로 슬퍼져서 여인이 사랑스럽다
현실적, 현실적으로 되어 나도 화장을 하고 싶다
분으로 덕지덕지 얼굴을 가리고 싶다

귀걸이, 목걸이, 팔찌라도 하여
내 몸을 주렁주렁 감싸안고 싶다
현실적으로
진짜 현실적으로

(1979)

모든 것이 불안하다

기린은 왜 그리 목이 길까
개미의 허리는 왜 그리 가늘까
코뿔소의 뿔은 왜 그리 불편한 장소에 돋아나 있을까

모든 것이 불안하다
너무 길게 자란 네 손톱이 부러질까 불안하고
너무 높은 너의 하이힐 뒷굽도 불안하다

기린같이 긴 너의 목
개미처럼 가느다란 너의 허리가
코뿔소의 뿔처럼
어정쩡하고 위험스런 곳에서 돌출돼 있는
내 뜨겁고 딱딱한 뿔, 심술궂은 자지
의 공격을 받을까 봐 불안하다

모든 것이 불안하다
변덕스런 나의 열정
경망스런 너의 사랑
기우뚱 위태롭게 기울어 돌아가는 이 지구

아슬아슬, 별들이 부딪칠락 말락 난무하는 이 우주

모든 것이 불안하다

(1989)

연가(戀歌)

　　내 사랑, 얼굴은 좀 못생겼지만
　　내 사랑, 그래도 나를 위해 손톱을 아주아주 길게 길러 주는
　　내 사랑, 그 손톱마다 매일 다른 색깔의 매니큐어를 발라 주는
　　내 사랑, 그 긴 손톱을 매일 뾰족하고 날카롭게 갈아
　　내 사랑, 그 손톱으로 내 몸뚱어리를 매일매일 할퀴고 긁고 찔러 주는
　　내 사랑, 그녀의 눈두덩에 황금빛 아이섀도를 짙게 발라 주는
　　내 사랑, 빗자루 같은 긴 인조 속눈썹을 붙여 그것으로 나의 얼굴을 따끔따끔 쓸어 주는
　　내 사랑, 입술의 핏빛 립스틱으로 내 목 위에 이마 위에 언제나 달콤한 그림을 그려 주는
　　내 사랑, 언제나 15cm 높이의 송곳같이 뾰족한 하이힐을 신어 주는
　　내 사랑, 그 하이힐 굽으로 가끔씩 내 목을 살며시 밟아 주는
　　내 사랑, 언제나 아주 진한 향수를 뿌려 나를 메슥메슥 취하게 하는
　　내 사랑, 언제나 말없이 나의 품에 안겨 내 가슴을 보드랍게 혀로 마사지해 주기만 하는
　　내 사랑, 항상 무릎 위 30cm의 미니스커트만 입고 다녀 나의 권태를 위로해 주는
　　내 사랑, 목에는 무거운 이집트풍의 놋쇠 목걸이, 귀에는 1kg 무

게의 무겁고 투박한 강철 귀걸이를 달아
　그 무게에 눌려서라도 내게서 절대로 도망 못 가리라고 나를 안심시켜 주는
　내 사랑, 코에는 코걸이 발목엔 발찌 발가락마다엔 발가락찌 손가락마다엔 반지 팔목엔 팔찌 배꼽 밑엔 배찌
　내 사랑, 허벅지까지 드리워진 길고 풍성한 머리털, 머리털엔 오색찬란한 염색물감
　내 사랑, 언제나 나의 허무를 관능으로 메꿔주는
　내 사랑, 언제나 나의 고독에 노예처럼 매달리는

(1988)

손톱

손톱을 엄청나게 길게 기른(적어도 10센티미터 이상) 여인은 아름
답다
(매니큐어 색깔은 별 의미가 없다 손톱의 길이가 긴 것이 중요하다)
비수처럼 긴 손톱은 '예쁜 손톱'이 아니라 '무시무시한 손톱' '으스
스한 공포감을 주는 손톱'이 된다
나태하고 권태로운 손톱도 된다

손톱이 아주 길면 손놀리기가 불편해진다 그래서
밥 먹을 때, 단추를 잠글 때, 글씨를 쓸 때, 화장을 할 때
그녀의 손동작은 지극히 우아해진다 귀족적으로 된다
긴 손톱의 여인이 15센티미터도 넘는 뾰족구두를 신고 걸어가는
모습은 너무나 고혹적이다
모든 것이 위태롭게 보이고, 불안해 보이고, 가냘퍼도 보인다

무시무시한 가냘픔, '일부러 불편하게 하기'의 상징인 손톱
사디즘과 마조히즘의 복합이다
딱딱한, 그래서 감각도 생명도 없는 손톱이 마치 생명체처럼 자라
난다는 것이 신기해서 나는 좋다
손톱을 길게 기른 여인은 대개 본능적이다 백치미와 관능미가 있

다 오히려 착하다

그 여인의 손톱에 긁히우고 싶다

(1988)

왕(王) · 1

왕의 하렘을 위하여 살아 있는 악기가 만들어질 준비가 다 되었다. 왕은 요즘 심심해서 짜증이 난다. 벌거벗은 무희들의 교태어린 춤도, 넓은 침대 위에서 십여 명 후궁들과 어우러져 벌이는 난교(亂交)도, 이젠 왕의 권태와 피곤을 더해 줄 뿐이다. 그래서 왕에게 충성하는 신하는 왕의 진정한 쾌락을 위하여 묘안을 짜내었다.

침대 위에 결박된 여인은 공포에 질려 있다. 그녀의 몸은 흑진주처럼 윤기가 흐르고 탄력이 있다. 왕실 전속 의사는 얼굴에 약간 흥분을 담고서 약병들과 도구를 점검한다. 여인의 모든 감각을—목소리는 제외하고—제거하기 위한 준비이다. 눈에 독즙(毒汁)을 흘려 넣고 귀에 수은을 붓고 치아를 몽땅 뽑는다. 여인은 처절한 고통에 날카로운 비명을 지르며 요동을 치지만 결박당해 있어 어쩔 수가 없다.

드디어 소중한 악기가 완성되었다. 여인의 몸에는 큰 변화가 일어났다. 들을 수도 볼 수도 냄새조차 맡을 수 없게 되자 그녀의 모든 감각과 신경은 촉각으로 집중되었다. 왕은 만족했다. 빛도 소리도 냄새도 못 느끼는 여인에게 유일하게 남은 피부의 감각과 혀의 움직임이 서서히 긴장하며 반응하고 있다. 왕의 손길에 따라 보통의 여자보다 몇 배 예민하게 반응하는 것이다. 치아가 뽑힌 말랑말랑한

잇몸만이 왕의 자지를 감싸 물고 왕을 즐겁게 한다.

　왕은 심심할 때마다 살아 있는 악기를 채찍으로 연주해 본다. 여인은 느껴지는 촉감으로 인한 고통과 쾌락을 소리로 바꾸어 묘하게 내어뱉는다. 또 가끔씩 왕은 부드러운 깃털로 여인의 온몸을 쓰다듬기도 한다. 여인의 피부엔 소름이 돋으며 흥얼대는 듯한 천상(天上)의 소리를 낸다. 왕은 여인의 신음소리, 숨가쁜 호흡 소리, 비명소리 같은 데서 진정 왕으로서만 맛볼 수 있는 오르가슴을 느낀다. 그 소리들은 백성들의 소리 같다. 이제야 왕은 조금 즐겁다.

(1987)

왕(王) · 2

    왕의 손톱은 굉장히 길다. 기를 수 있는 데까지 길러 거의 30센티미터씩이나 된다. 왜 왕의 손톱은 그토록 긴가? 천한 일을 안 하려고 해서이다. 아니, 일을 전혀 못하도록 하기 위해서이다. 손톱이 길면 불편해서라도 조금도 손을 놀릴 수가 없다. 그래서 수많은 시녀들이 필요하다. 밥은 일일이 시녀가 입에 머금어 먹여 준다. 손 씻는 일, 목욕하는 일, 옷 갈아입는 일 모두가 시녀들이 할 일이다. 밤에 잘 때는 왕의 손톱이 잠결에 부러질까봐 담당 시녀가 밤을 새워 손톱을 지킨다. 황금빛 물감을 손톱에 바르는 일을 전담하는 시녀도 있다. 조금 불편하긴 하지만 그래도 왕은 기분이 좋다. 마치 어린아이라도 된 기분이다. 가만히 있어도 누군가 먹여 주고 입혀 주고……. 마치 태중(胎中)의 아이와도 같다.

(1987)

왕(王) · 3

왕의 주변에서 쓰이는 도구들은 모두 사람으로 만들어져 있다. 왕이 궁정을 산책하다가 어딘가 앉고 싶어지면 잘 훈련된 시녀들은 곧 자기들의 몸뚱어리로 의자를 만들어 준다. 한 시녀는 엎드려 왕의 엉덩이를 받쳐주고 한 시녀는 반쯤 선 자세로 그 뒤에서 등받이가 된다. 푹신푹신한 젖가슴의 감촉이 좋아 왕은 기분 좋게 기댄다. 다리가 아프다 싶으면 또 다른 시녀가 다리받침이 되어 요염한 자세로 엎드린다. 가끔씩 심심해지면 왕은 여인들의 목에 고삐를 매어 말타기를 즐긴다. 왕의 침대도, 방석도, 팔걸이도 모두 시녀들이 만든다. 왕이 옥좌에 오르는 계단도 시녀들이 만든다. 왕은 여인들의 등을 기분 좋게 밟고 올라가 인간 쿠션으로 안락해진 옥좌 위에서 불쌍한 백성들을 위해서 가끔 정치를 한다. 왕이 쓰는 요강, 타구도 다 사람으로 만들어져 있다. 오줌이 마려우면 왕은 긴 손톱으로 손짓을 한다. 그러면 담당 시녀는 교태부리며 무릎으로 기어와 향기로운 입으로 왕의 오줌을 받아 마신다. 가래를 뱉을 때도 마찬가지. 칵 소리가 나기도 무섭게 미녀의 입이 왕의 가래침을 기다리고 있다. 왕이 대변을 보고난 뒤에는 왕이 개처럼 끌고 다니는 시녀가 왕의 뒤를 핥아 준다. 이래서 왕의 생활은 즐겁다.

(1987)

예비군 훈련장에서

엠원(M1) 소총으로 사격 연습을 하는데
문득 총알을 보니 너무 예쁘게 생겼다
반짝이는 놋쇠로 된 뾰족한 총알 끝이
꼭 금빛 매니큐어를 바른 여인의 긴 손톱 같다
나는 총알을 내 손끝에 대고 눈을 바짝 붙여
눈동자의 초점을 흐리게 하여 물끄러미
총알을 들여다본다
희미한 시야 속에 길고 날카롭게 뻗은
섹시한 황금빛 손톱이
환상적으로 들어와 박혀
나의 온몸을
이상야릇한 쾌감으로
근질근질하게 만든다

(1986)

평화

두 나라가 서로 전쟁을 한다.
이쪽 군대가 비겁하게 도망간다
저쪽 군대도 비겁하게 도망간다
한쪽이 용감하게 싸우고 다른 쪽이 도망가면
그 쪽은 비겁한 군인이 되지만
두 편 다 도망가면 둘 다 비겁하지 않다.
용감해져라 용감해져라 하지 마라
용감보다는 비겁이 평화주의자
서로 다 도망가면
두 쪽 다 비겁해지면
전쟁은 없다

(1987)

1985년 여름 · 저녁 한때의 카페 풍경

한여름의 작은 카페
낡은 에어컨 소리 윙윙 울리고
전축은 계속 지루하게 돌아간다
갑자기 전깃불이 나갔다
전축도 꺼지고 에어컨도 꺼졌다
삽시간에 사방은 암흑으로 바뀐다
촛불을 켠다
촛불을 켜니 갑자기 주변이 달라 보인다
어린 시절의 시골 밤
호롱불 켜던 추억도 되살아나고
이곳이 마치 어느 외딴 곳
별빛 반짝이는 바닷가같이도 생각된다
갑자기 나는 노래 부르고 싶어졌다
나는 소리 높여 "엄마가 섬 그늘에 굴 따러 가면……"을 불렀다
더 다정스럽고 더 포근한 분위기
촛불을 가운데 두고 그녀와 나는
섬마을의 소년 소녀가 되어
애틋하고 순진하고 멜랑콜리한 사랑을 속삭인다
잠시 후 전기가 들어온다

모든 것은 다시 예전으로 돌아간다
레코드도 다시 돌기 시작하면서 조용필이 악써서 부르는
"그대는 왜 그대는 왜 촛불을 키셨나요"가 나온다
에어컨의 신경질적인 바람소리도 다시 들려온다
촛불도 꺼지고 별빛도 사라지고
우리는 섬마을 아이에서 다시금
서울 아이로 되었다
애틋한 사랑도 식었다

(1985)

가지치기

가로수의 가지를 친다
이 가지는 버스가 가는 길을 방해해
이 가지는 빌딩의 창문을 가려
싹둑
싹둑
나무는 그래도 안간힘쓰며 자란다
그래서 얼마 후면 또다시
키 큰 나무로 우뚝 선다
즐겁게 즐겁게
가지를 뻗는다

(1986)

오십보 백보

오십보(五十步) 도망가던 군인이
백보(百步) 도망가는 군인을
자기보다 비겁하다고 비웃는 것을
맹자(孟子)는 도망가는 것은 둘 다
마찬가지인데 뭘 그러느냐고 또다시
비웃었지만
오십보 도망가는 것과 백보 도망가는 것이
어떻게 똑같을 수가 있겠어?
지뢰밭 같은 데를 지날 때도
오십보보다는 백보가 더 안전하지.
포탄이 터질 때도 오십보보다는
백보가 훨씬 더 안전하지.
삼십육계(三十六計) 주위상계(走爲上計).
그저 목숨 보전이 제일.

(1986)

기차를 타면 나는 막 소리쳐 자랑하고 싶어진다

기차를 타면 나는 막 소리쳐 자랑하고 싶어진다
"난 기차를 탔어요. 글쎄 난 정말로 기차를 탔다니까요!"
기차를 타고 달려가는 것은 얼마나 신나는 일이랴
차창 밖을 내다보면 사람들은 모두
꾸물꾸물 기어다니는 불쌍한 벌레
나는 속 편히 앉아서 빠르게 달려가는
기차에 실려 한껏 한껏 느긋하다
게슴츠레 눈을 뜨고 창밖으로
힘겹게 걸어다니는 사람들을 보면 나는 진정 유쾌해진다

비행기를 타면 나는 막 소리쳐 자랑하고 싶어진다
"난 비행기를 탔어요. 글쎄 난 정말로 비행기를 탔다니까요!"
비행기를 타고 하늘을 날아가는 것은 얼마나 신나는 일이랴
창밖으로 내려다보면 땅 위의 사람들은 모두
꾸물꾸물 기어다니는 불쌍한 아메바
나는 그들보다 훨씬 더 고등동물인 것 같아 유쾌하다

로켓을 타면 나는 막 소리쳐 자랑하고 싶어진다
"난 로켓을 탔어요. 글쎄 난 정말로 로켓을 탔다니까요!"

로켓을 타고 우주를 날아가는 것은 얼마나 신나는 일이랴
까마득히 아래로 지구를 내려다보면
그건 영락없는 탁구공, 진딧물, 말미잘
나는 마치 내가 신(神)이라도 된 듯하여
그지없이 유쾌하다

(1986)

술

술을 마시기 위해서 안주가 있는 것인지
안주를 먹기 위해서 술이 있는 것인지
정말 모르겠다
너를 만나서 사랑을 하게 된 것인지
사랑을 하기 위해서 너를 만난 것인지
정말 모르겠다
사랑은 이런 게 아닌 것 같았는데
만나서 뽀뽀나 하고 장미여관에나 가고
이런 건 아닌 것 같았는데
더 숭고하고 고상하고 애틋한
아, 그래 마치 〈독일인의 사랑〉이라는
소설에 나오는 것 같은
그런 천사 같은, 성모 마리아 같은 여자와
만나 "유·아·마이·데스티니"해 가며
전심전력(全心全力)·이심전심(以心傳心),
영혼을 바쳐야 하는 것인 줄 알았는데
만나 봤자 그저 그렇고 그런 게 사랑
남인수의 노래 〈청춘고백〉에 나오는
"헤어지면 그리웁고 만나 보면 시들하고"라는 가사

같은 시큰둥한 이 사랑
그래도 네가 떠나니 허전하다 만날 땐
별것 아닌 것 같았는데
막상 곁에 없으니 너무나 고독·적막·쓸쓸하다
그래서 난 오늘도 혼자서
김수희의 〈멍에〉를 들으며
청승맞게
술을 먹는다
안주를 마신다

(1986)

삼위일체(三位一體)

성부(聖父)·성자(聖子)·성신(聖神)은 하나라는데
그게 기독교의 교리 가운데 제일 중요한
삼위일체라는 것인데
정말 그 말이 맞다면
나는 신(神)이지.
예수께서 항상 말씀하시길
"나를 믿는 것이 곧 하나님을 믿는 것이다"
"내가 곧 하나님이다"
하셨고
"내가 길이요 진리요 생명이다"
라고도 하셨어.
그러고는 우리들에게
"하늘에 계신 우리 아버지"
라고 기도하라고 주기도문을
가르쳐 주셨지.
그러니까 하나님은 확실히
우리의 아버지라는 말.
그러니까
예수님도 하나님의 아들이요

나도 하나님의 아들이니
예수님과 나는 형제지간.
예수님이 곧 하나님이라고 했으니
나도 곧 하나님.
그러니까 내가 바로 성부
성자
성신.
이건 참 신나는 일
내가 곧 하나님이니
지옥 걱정할 필요도 없고
이 세상 뭐 두려울 게 없지
맞아, '내'가 곧 길이요
진리요 생명이야.
다른 것에 뭐 빌빌 아부하며 기댈 것 없지.
예수님 말씀은 정말 고마운 말씀

(1986)

청춘고백

초등학교 4학년 때
어쩌다 중국의 야한 소설 〈금병매〉를 읽게 되어
얼떨결에 수음(手淫)을 배웠다(순전히 독학으로!)

중학교 1학년 때
수음을 하는데 난데없이
흰 고름 같은 것이 나와(사실은 정액인데)
나는 너무 수음을 해서 생긴 병인 줄 알고
심각한 고민에 빠졌다(그 처절한 공포!)

중학교 2학년 때
음모(陰毛)가 무성하게 솟아나와
그것이 하도 흉측하고 부끄러워
수업 중간의 쉬는 시간마다 변소에서
서너 오라기씩 뽑아 버리기로 하고
실천에 옮겼다(너무 아파, 아파!)

고등학교 1학년 때
〈플레이보이〉 잡지를 모으기도 하고

영화 〈세라자드〉나 〈클레오파트라〉에 나오는
하렘의 야한 풍경, 궁녀들의 선정적인 배꼽춤,
중동풍의 그로테스크한 화장이나 장신구가
너무나 나를 흥분시켜
몇 번이고 삼류 극장에 가서 보며
사람이 없는 앞자리에 앉아
몰래몰래 수음을 했다(숨어서 하는 것의 스릴과 서스펜스)

고등학교 2학년 때
교외 서클에 가입하여 거기서
이화여고 학생, 지금 생각하면 별로 섹시하지도 않은 애한테 반해
대학 1학년 때까지 죽어라고 쫓아다녔다(편지 수백 통!)

대학 2학년 때
내 친구 애인이 더 섹시한 여자인 걸 보고
너무나 비교가 되어 먼저 여자와 결별.
그러나 친구의 여자를 빼앗을 자신은 없고 해서 끙끙 앓기.
그때 오랜만에 만난 초등학교 동창생이 하도 예뻐
(정말 정말 예뻤징. 그때 그녀는 배우 초년생)

쫓아다니다가
뭐가 좀 되어가나 보다 했더니
그녀의 돌연한 염세자살.

대학교 3학년 때
어떤 이상한 여대생과의
3년간에 걸친 끈적끈적한 사랑
(처음으로 빨가벗고 같이 잤다)

대학원 졸업 후
친구 애인과의 재회. 잠깐 동안의 사랑과 이별
그 이후는
기타 등등(한 일여덟 명쯤)

지금은
견물생심(見物生心)이나
화중지병(畵中之餠).
정력부족이나
관능적 상상력은 더 발동.

아,
아,
아,
허무한 내 청춘!

(1989)

역사

역사책은 참 이상하다. 왕과 장군의 이름만 나온다. 워털루 전쟁 대목에서도, "워털루 전쟁에서 나폴레옹이 졌다"라고만 돼 있다. 어디 나폴레옹이 싸웠나? 졸병들이 싸웠지. 역사책 어느 페이지를 들춰봐도 졸병 전사자 명단은 없다.『삼국지』를 봐도, "적벽대전에서 조조가 제갈량한테 대패(大敗)하다"라고 되어 있다. 어디 조조와 제갈량만 싸웠나? 졸병들이 싸웠지.

(1986)

2.

야하디야하다

권태

아프지 않으면 권태롭다

전쟁이 아니면 평화
가 아니라 권태다
고생 끝에 낙
이 아니라 권태다
사랑 끝에 결혼
이 아니라 권태다

오르가슴은 없다

(1988)

변태

내게 사랑이 오면, 온종일을
그녀와 함께 신나게 변태적으로 보내리
그녀는 고양이 되고, 나는 멍멍개 되어
꽃처럼, 불처럼, 아메바처럼, 송충이처럼
끈적끈적 무시무시 음탕음탕 섹시섹시
서로 물고 빨고 할퀴고 뜯어 온갖 시름 잊으리
사랑은 순간, 사랑은 변덕, 사랑은 오직 꿈!
오오 변태는 즐거워라, 사랑이 오면.

(1989)

불편한 것은 아름답다

　손톱을 길게 기른 여자가 간신히 단추를 잠글 때,
　그 여자가 손가락으로는 전화 다이얼을 돌릴 수 없어 연필이나 볼펜을 사용할 때,
　또 그 여자가 어렵게 콘택트렌즈를 낄 때,
　또 그 여자가 높은 뾰족구두를 신고 아슬아슬 걸어갈 때,
　또 그 여자가 좁은 타이트스커트를 입고 조심조심 어기적어기적 걸어갈 때,
　그 여자는 지극히 관능적으로 아름답다
　귀족적인 게으름으로서가 아니라 단지
　불편하기 때문에 모든 동작이 할 수 없이 느려지고 우아해져서 아름답다
　시체 같기도 하고 태아 같기도 하고 아무튼 활발하게 움직이지 않아서 아름답다
　귓불을 뚫고 무거운 귀걸이를 매단 여자도 아름답다
　귀걸이가 무엇엔가 걸려 귀가 찢어질까봐 얼굴을 많이 움직이지 못해서 아름답다
　자유롭지 않은 것은 무엇이든 아름답다
　할 수 없이 불편한 것이 아니라
　일부러 불편한 것은 무엇이든 아름답다

(1988)

야하디야하다

양화진 나루터 위에 붉게 타는 저녁놀
— 야하디야하다

날개 벌린 숫공작의 깃털 빛깔, 그 섬뜩한 관능미
— 야하디야하다

요염 · 섹시 · 음탕한 그녀의 그로테스크하게 휘어진 긴 손톱
— 야하디야하다

마약처럼 우리의 고독 속으로 파고드는 아침 안개
— 야하디야하다

아라비아 여인들의 코걸이, 배찌, 발가락찌, 그리고 배꼽춤
— 야하디야하다

산 채로 저며져 있는 생선회, 또는 살아 있는 낙지
— 야하디야하다

달 뜨는 해운대의 여름밤, 별 뜨는 설악산의 겨울밤

— 야하디야하다

뾰족하게 기른 손톱 끝으로 체리를 찍어 먹는 여자 또는 그 여자의 긴 손가락 사이에 끼어 있는 슬림 형 담배
  — 야하디야하다

가운데가 터진 미니스커트 사이로 언뜻언뜻 엿보이는 그녀의 사타구니
  — 야하디야하다

송곳같이 뾰족한 하이힐 굽에 정확하게 짓눌려 내장파열로 죽은 바퀴벌레
  — 야하디야하다

인도에서 제일 야한 사람의 이름
  — 야하디야하다

(1989)

밀회(密會)

아침 식사 후 양변기에 걸터앉아 있는 시간은
내겐 하루 중 가장 행복한 시간
신문도 들척이며, 커피도 마시면서,
담배도 한 서너 개비쯤
한 시간 남짓, 나는 게으른 고독을 즐기네
멍청히 나 자신 속으로 무한정 빨려들어갈 수 있어서 행복해
특히 긴 시간 동안 똥이 나올락 말락 뜸을 들일 때
나는 오랫동안 걸터앉아 있을 핑계가 생겨 행복해
다리에 쥐가 나도 좋아
엉덩이에 두드러기가 나도 좋아
자그마한 화장실의 공간은 나 혼자만의 공간,
마치 어머니의 자궁 속같이 포근하기만 해
가끔은 에로틱한 잡지를 보며 마스터베이션
가끔은 내 똥을 섹시한 여자가 받아먹는 상상.
사랑도 잠깐, 사정(射精)도 잠깐,
그녀와의 오르가슴은 더 잠깐.
그러나 변소 안의 시간은
남몰래, 나 혼자서, 진정 나 혼자만이
(그녀 따윈 필요 없어!)

서서히 유지되는 쾌감, 서서히 발기되는 쾌감을
한껏 즐길 수 있어서 행복해
랄랄라, 오오오
인생은 즐거워라,
맛있게 똥누기!

(1989)

진짜 사랑스러운 여인

내가 혓바닥을 힘차게 휘저으며 키스하자
그녀의 틀니가 빠져 나왔다

내가 사랑에 겨워 그녀의 눈언저리를 내 볼로 세게 비비니까
그녀의 인조 속눈썹이 떨어져버렸다

내가 그녀의 긴 손가락들을 만지작거리며 놀자
그녀의 인조 손톱이 툭 떼어졌다

내가 그녀의 탐스러운 머리채에 코를 박고 휘저으니
그녀의 가발이 벗겨져버렸다

(1989)

자궁 속으로

나도 여자들처럼 귀에 구멍을 뚫고 싶다
양쪽에 한 다섯 개쯤씩 구멍을 뚫고
구멍마다 아주 묵직한 귀걸이를 어깨까지 늘어지게 매달아 놓으면
나는 머리가 무거워서라도
꼼짝도 할 수 없게 되겠지
아무리 움직이고 싶어도 움직이기 어렵게 되겠지
그러면 나는 하루 종일
늘어진 열 개의 귀걸이를 만지작거리며
배고픈 줄도 모르고 가만히 얌전하게
혼자서 놀 수도 있을 거야
가만히, 가만히
아주아주 멍청하게
무념무상(無念無想)에
잠길 수도 있을 거야

(1987)

고독

내가 여자라면
고드름을 가지고
자위행위를
해볼 테야
보지 속에서
짜릿한 쾌감과 함께 스며드는 냉기
의 전율
과 함께 고드름이 녹아갈 때
나는 뜨거운 쾌감과 차디찬
죽음의 냄새를 함께 느끼며
서서히 허물어져 가는 나의
본능 가운데서
어슴푸레하게나마
진짜 고독을
맛볼 수 있게 되겠지

(1987)

여성해방운동?

사마귀란 놈은 아주 이상한 성교(性交) 습관을 갖고 있다더군. 발정기가 되면 암사마귀가 풍기는 암내에 홀려 숫사마귀가 달겨든다지. 숫사마귀는 순진한 표정으로 암사마귀에게 뾰족한 성기를 흔들면서 교접을 시작하지. 그러면 암사마귀는 탐욕스런 눈초리로 숫사마귀를 바라보면서, 성교 중에 숫사마귀의 머리통부터 몸집까지 서서히 으적으적 먹어치운다는 거야. 자기의 몸뚱이가 먹히우는데도 숫사마귀는 쾌감에 정신이 팔려 도망칠 줄을 모르고, 결국 몸뚱이가 거의 다 먹혀 버릴 때쯤 해서 숫사마귀는 최후의 발악처럼 사정(射精)을 하지. 그러면 암사마귀는 숫사마귀의 마지막 남은 부분까지 아작아작 맛있게 씹어 먹는다는군. 식욕과 성욕을 동시에 충족시키는 암사마귀. 불쌍하게도 암컷에게 쾌락을 제공하기만 하는 숫사마귀.

(1987)

성당 앞의 걸인

우리 동네에는
빨간 벽돌로 지은 으리으리한 성당이 있는데
그 앞에는 항상 걸인이 한 명 꿇어앉아
슬픈 표정으로 구걸을 하고 있다.
평일에도 모임이 많은지
성당 앞은 언제나 화려하게 차려 입은 부인네들로 북적댄다.
이제는 만성이 되었는지
걸인에게 눈길을 주는 신자는 거의 없고
그냥 저희들끼리 화평한 표정으로 떠들며 지나간다.
이 부조화(不調和)가 참 어색한데
신자들에게 죄가 있는 것도 아니겠고
걸인에게 죄가 있는 것도 아니겠고
그렇다고 성당 앞에서 이상한 표정으로 빙그레 웃고 있는
모(某) 성자(聖者)의 동상에 죄가 있는 것도 아니겠고
아무튼 그런 광경을 늘 보고 다니자면
나는 시고 뭐고 귀찮다
생각하기도 귀찮다
불쌍한 이웃들의 밝은 미래를 위하여
열심히 공부하고 사색하며

노력하기도 귀찮다
참 저항하기도 귀찮다

(1987)

꿈

꿈속에서 나는 네로황제가 됐지
로마시를 불태워 버리게 하고
그것을 바라보며 기분 좋게 술을 마셨지

아이 시원해

꿈속에서 나는 진시황이 됐지
시시껄쩔한 학자 나부랭이들을 구덩이 속에 산 채로 파묻고는
서서히 죽어가는 모습을 재미있게 구경했지

아이 시원해

꿈속에서 나는 아라비아의 왕이 됐지
수백 명의 여인들이 나체로 우글거리는 하렘에서
나는 여인들의 입을 향해 차례로 오줌을 갈겼지

아이 시원해

꿈속에서 나는 이집트의 파라오가 됐지

수만 명의 노예들이 채찍에 맞아가며 내 피라미드를 만드는 광경을
나는 시녀들을 껴안고 기분 좋게 바라보았지

아이 시원해

꿈속에서 나는 '젊은 베르테르'가 됐지
짝사랑에 시달리다가 그만 사는 게 싫어져서
총으로 머리를 쏘아 자살해 버렸지

아이 시원해

(1987)

싹

한 숨결 푸른빛으로 오른

한 숨결 푸른빛으로 핀

한 숨결 푸른빛으로 죽은

....

'순간의 아름다움'

(1984)

그가 그녀와 만나 달콤하게 진정 달콤하게 사랑을 속삭이고 그래서 사랑의 빛나는 결실로 멋지게 결혼을 하고 한참 살다 보니 영 성격도 안 맞고 아무튼 모든 게 다 안 맞아서 결국은 이혼을 하고 말았다는 이야기

ㅠㅠㅠㅠㅠㅠㅠㅠㅠㅠㅠㅠㅠㅠㅠㅠㅠㅠㅠ
ㅗㅗㅗㅗㅗㅗㅗㅗㅗㅗㅗㅗㅗㅗㅗㅗㅗㅗㅗ

ㅠㅠㅠㅠㅠㅠㅠㅠㅠㅠㅠㅠㅠㅠㅠㅠㅠㅠㅠ
ㅗㅗㅗㅗㅗㅗㅗㅗㅗㅗㅗㅗㅗㅗㅗㅗㅗㅗㅗ

ㅗㅗㅗㅗㅗㅗㅗㅗㅗㅗㅗㅗㅗㅗㅗㅗㅗㅗㅗ
ㅠㅠㅠㅠㅠㅠㅠㅠㅠㅠㅠㅠㅠㅠㅠㅠㅠㅠㅠ

(1986)

연극이 끝난 뒤

흐르고 있네요, 우리의 기억들이
강물처럼, 밀물처럼, 우리의 아픔들이,
하지만 마지막 순간이 빛날 수만 있다면
모든 것은 아름다워요.

헤어지는 것을 아쉬워하나요,
잊혀질 날들을 두려워하나요.
아, 어차피 인생은 연극인 것을.
우리의 그 마지막 대사를 다시 한번 외워 보아요.
"그래, 정말 보람이 있었수?"

웃음처럼 통곡할까요,
통곡처럼 웃어 볼까요.
모든 것은 꿈, 모든 것은 안개 속 꼭두각시 놀이.
하지만 우리의 마지막 대사는 이걸로 하기로 해요.
"아무렴, 보람이 있었구말구."

눈을 감으면
잠깐씩 빛나던 무대 위의 조명 속에서

지금도 꿈꿀 수 있어요.
지금도 사랑할 수 있어요.

모든 것이 흘러가는 이 시간 속에서도
빛바랜 언어들이 쌓여질 수 있다면
무대 위의 외로운 그림자들이
다시금 우리 가슴에 내려앉는다면
우리는 언제나 행복할 수 있어요

자, 웃어요
언제나처럼 술잔을 들며
아직은 즐거운 목소리로
서로의 이름을 불러 보아요.

(1986)

눈

머리에서 비듬이
떨어지듯 눈이 내린다
하늘에서 눈이 떨어지듯
비듬이 내린다
사랑스러운 비듬 내
육체의 신성한 일부
콩고물 같은 비듬
팥고물 같은 비듬
한 달쯤 머리를 감지 말고 있다가
참빗으로 빗질을 하면
얼마나 먹음직스럽게 소담스럽게
풍성하게
비듬이 떨어질까
똥 누는 것보다도 즐거운 배설
비듬 떨어뜨리기
훨씬 더 시원한 시원한 카타르시스
비듬 떨어뜨리기
머리에서 비듬이 떨어지듯
하늘에서도 비듬이 떨어진다

신성한 천국의 노폐물, 하늘의 비듬
비듬 같은 눈이
펄펄
내린다

(1985)

효도에

어머니, 전 효도(孝道)라는 말이 싫어요
제가 태어나고 싶어서 나왔나요? 어머니가
저를 낳으시고 싶어서 낳으셨나요?
또 기르시고 싶어서 기르셨나요?

'낳아 주신 은혜' '길러 주신 은혜'
이런 이야기를 전 듣고 싶지 않아요.
어머니와 전 어쩌다가 만나게 된 거지요.
그저 무슨 인연으로, 이상한 관계에서
우린 함께 살게 된 거지요.

이건 제가 어머니를 싫어한다는 말이 아니에요.
제 생(生)을 저주하여 당신에게 핑계대겠다는 말이 아니에요.
전 재미있게도, 또 슬프게도 살 수 있어요
다만 제 스스로의 운명으로 하여, 제 목숨 때문으로 하여
전 죽을 수도, 살 수도 있어요.

전 당신에게 빚은 없어요 은혜도 없어요.
우린 서로가 어쩌다 얽혀 들어간 사이일 뿐,

한쪽이 한쪽을 얽은 건 아니니까요.

아, 어머니, 섭섭히 생각하지 말아 주세요.
"난 널 기르느라 이렇게 늙었다, 고생했다"
이런 말씀일랑 말아 주세요.
어차피 저도 또 늙어 자식을 낳아
서로가 서로에 얽혀 살아가게 마련일 테니까요.

그러나 어머니, 전 어머니를 사랑해요.
모든 동정으로, 연민으로
이 세상 모든 살아가는 생명들에 대한 애정으로
진정 어머닐 사랑해요, 사랑해요.
어차피 우린
참 야릇한 인연으로 만났잖아요?

(1978)

석가

한껏 '말' 밖에 다른 무엇이 더 있겠느냐
내 차라리 한낱 벙어리였으면 좋을 것을.
인생 팔십은 너무도 짧아, 내 이제 허무히 죽어가나니
뉘 있어 나를 죽음의 고통에서 구원해 주리?
수만 마디 설법(說法)들이 지금 내게 무슨 소용이 있으랴

나는 미처 '중생'을 죽이지 못하였다.
'말'도 죽이지를 못하였다.
선(善)도 악(惡)도 미(美)도 추(醜)도 죽이지를 못하였다.
늙고 지쳐 병들은 이 몸, 껍질만 남은 더러운 몸뚱어리를
미처 죽이지 못하였다.
아아, 도(道)를 죽이지 못하였다.

그대들은 먼저 나를 죽여라.
시퍼런 비수로 내 가슴을 찌르라.
희망을 죽여라 해탈을 죽여라
우리들은 새로운 자유를 만들어 낼 순 없다.
다만 자유가 아닌 것들을 죽여야 할 뿐
보이는 대로 보이는 대로 죽여 없애야 할 뿐!

부처를 만나면 부처를 죽여라
나한(羅漢)을 만나면 나한을 죽여라
보살(菩薩)을 만나면 보살을 죽여라
네 부모를 죽여라.
친척과 권속을 죽여라, 그리고

사랑을 죽여라,
너를 죽여라!

차라리 벙어리라면 얼마나 좋으랴
차라리 백치라면 얼마나 좋으랴
날카로운 식칼 아래, 싱싱한 펄떡임으로
핏방울 흩뿌려, 힘 있게 죽어가는 생선 토막이라면,
— 내 얼마나 좋으랴.

(1978)

여자가 더 좋아

차라리 여자라면 좋겠다.
그러면 먼저 화장부터 덕지덕지 야하게 하겠다.
머리는 꼬불꼬불꼬불 파마를 하고
울긋불긋 총천연색으로 염색도 하겠다.

머리털을 길게도, 짧게도, 볶을 수도, 펼 수도 있는 자유
치마도 바지도, 짧게 길게, 넓게 좁게
마음대로 입을 수 있는 자유
남자처럼 그 신물 나는 양복에 넥타이만이 아니라
수만 가지 스타일로 옷을 해 입을 수 있는 자유
요란하고 섹시하게 꾸며도 되는 자유
적당히 기분 좋게 노출을 해도 되는 자유
그런 여자의 자유가 나는 부럽다.

내가 여자라면, 싸구려라도 좋으니
열 손가락에 모두 반지를 끼고
귀걸이 목걸이 팔찌 발찌까지 주렁주렁 달겠다.
그리고 손톱도 아주 뾰족하게 길러
열 손톱마다 각각 다른 색깔의 매니큐어를 칠하겠다.

(그 손톱으로는 물론 내 애인의 온몸을 슬슬 쓰다듬어 주지)

아름답게 보인다는 것, 관능적으로 보인다는 것 하나만을 위하여
온 마음을 쏟아 열중할 수 있다는 것은
얼마나 대견스러운 일이랴, 얼마나 부러운 일이랴
화장도 못하고, 머리도 못 기르고
목걸이 귀걸이도 못하는 지금의 나
언제나 점잖은 척 뻔뻔한 얼굴로 살아가야 하는
지금의 나로서는, 자유를 두려워하는
겁쟁이인 나로서는.

(1984)

자살자를 위하여

우리는 태어나고 싶어 태어난 것은 아니다
그러니 죽을 권리라도 있어야 한다
자살하는 이를 비웃지 마라, 그의 좌절을 비웃지 마라
참아라 참아라 하지 마라
이 땅에 태어난 행복, 열심히 살아야 하는 의무를 말하지 마라

바람이 부는 것은 바람이 불고 싶기 때문
우리를 위하여 부는 것은 아니다
비가 오는 것은 비가 오고 싶기 때문
우리를 위하여 오는 것은 아니다
천둥, 벼락이 치는 것은 치고 싶기 때문
우리를 괴롭히려고 치는 것은 아니다
바다 속 물고기들이 헤엄치는 것은 헤엄치고 싶기 때문
우리에게 잡아먹히려고, 우리의 생명을 연장시키려고
헤엄치는 것은 아니다

자살자를 비웃지 마라, 그의 용기 없음을 비웃지 마라
그는 가장 용기 있는 자
그는 가장 자비로운 자

스스로의 생명을 스스로 책임 맡은 자
가장 비겁하지 않은 자
가장 양심이 살아 있는 자

(1979)

행복

그녀의 숱 많은 머리털을 거꾸로 빗질해 풍성하게 부풀릴 때,

그녀의 긴 손톱에 새빨간 매니큐어 칠을 하고 내 온몸을 쓰다듬게 할 때,

그녀의 목에 개목걸이를 씌워 이리저리 거리를 끌고 다닐 때,

그녀의 탐스러운 엉덩이를 채찍으로 우아하게 두들겨 줄 때,

그녀의 눈썹을 밀어버리고 음모(陰毛)도 깨끗이 면도해 줄 때,

그녀의 열 손가락마다 모두 다른 야한 색깔의 반지를 끼게 할 때,

그녀의 발목엔 수십 개의 족쇄를, 그녀의 사타구니 사이엔 짤랑짤랑 소리 나는 방울로 된 배찌를 늘어지게 할 때,

……나는 진정 행복하다.

(1987)

3.

가자, 장미여관으로!

유혹

가을 숲 검게 잠들고 저녁노을도 잠들고
배고파 울어대던 짐승떼도 잠들었다.

그대여, 내게로 오라!
한줄기 비수처럼 싸늘한 욕정의 빛이
헐떡이는 우리 젊음을 힘겹게 감싸고 있나니

이 순간은 영겁의 윤회조차 고요히 멈추고
안타까운 우리 야합(野合), 억만년 빙하도 녹이고
그대의 핏빛 입술, 성큼 죽음을 예감케 하네.

별빛도 월월월 소리내어 포효(咆哮)하며
온 산천(山川) 무너져라 쏟아져만 내릴 때,
그대와 나는 이미 하나의 우주,
오오, 그대여 어서 내게로 오라!

(1986)

가자, 장미여관으로!

만나서 이빨만 까기는 싫어
점잖은 척 뜸들이며 썰풀기는 더욱 싫어
러브 이즈 터치
러브 이즈 필링
가자, 장미여관으로!

화사한 레스토랑에서 어색하게 쌍칼 놀리긴 싫어
없는 돈에 콜택시, 의젓한 드라이브는 싫어
사랑은 순간으로 와서 영원이 되는 것
난 말없는 보디랭귀지가 제일 좋아
가자, 장미여관으로!

철학, 인생, 종교가 어쩌구저쩌구
세계의 운명이 자기 운명인 양 걱정하는 체 주절주절
커피는 초이스 심포니는 카라얀
나는 뽀뽀하고 싶어 죽겠는데, 오 그녀는 토론만 하자고 하네
가자, 장미여관으로!

블루스도 싫어 디스코는 더욱 싫어

난 네 발냄새를 맡고 싶어, 그 고린내에 취하고 싶어
네 치렁치렁 긴 머리를 빗질해 주고도 싶어
네 뾰족한 손톱마다 색색 가지 매니큐어를 발라 주고도 싶어
가자, 장미여관으로!

러브 이즈 터치
러브 이즈 필링

(1985)

사치(奢侈)

지난번, 집중 폭우가
쏟아지던 날
지붕이 새서 천장으로 빗물이
뚝 뚝
떨어졌다.
나는 떨어지는 비를
대야에 받았다.
그때 갑자기
어릴 때 기억이 떠올라
대야 위에 종이배를 띄우고 싶어졌다.
어린 시절 뒷마당에서
작은 웅덩이에 예쁜 종이배를
띄우고 놀 때
난 정말 행복했었지.
즐거워라
수해로 야단난 서울
한복판에서의
오붓한 종이배놀이
아름다워라

뚝
뚝
물 듣는 소리.

(1984)

죽고 싶기

죽고 싶다 죽고 싶다 죽고 싶다
고 말하면 조금 시원해지고
좀 덜 창피해지고
또 죽고 싶다고 중얼거리는 것을 옆에서
듣는 사람한테 나
자신이 무안해지다 보면
부끄러운 기억들이 살짝은 순간적으로
지워지고 해서
자꾸 무의식적으로
죽고 싶다 죽고 싶다 죽고 싶다고
아무 데서나 막 외치게 된다
그러다 보니 말이 씨가 된
다는데…… 하는 말이 떠올라 내가
정말 죽을까 봐 겁이 덜컥
나서 죽겠다.
그래서 죽고 싶다는 말을 상쇄하기
위해 말끝에 살고 싶다를 붙이기로
했다. 그러니 내 중얼거림은
이렇게 된다. 죽고 싶다 죽고 싶다

죽고 싶다 살고 싶다 살고 싶다
살고 싶다
그러다 보니 말이 너무 길어서 지루해
진다 그것을 다시 축약해서 나는
이렇게 외치기로 했다
죽살살 죽살살
살고 싶다가 두 번 죽고 싶다가 한 번이니
나는 죽기보다는 잘 살아가게 된다
이건 참 간편하다 진짜 죽지 않아도 되고
죽살살 죽살살
죽죽 살살살 죽죽죽 살살살살

(1985)

우리는 사랑했다

우리는 사랑했다 꽃과 같이
불과 같이
바람과 같이
바다와 같이

우리는 입맞췄다 끈적끈적
흙탕물같이
소낙비같이
장마같이
천둥같이

우리는 서로 할켰다 날카로운
손톱으로, 발톱으로
채찍같이
몽둥이같이
칼날같이

우리는 서로 안았다 배암같이
두더지같이

지렁이같이
아메바같이

우리는 서로 죽였다 예쁘게
박제된 백조같이
낭자하게 피 흘리는
복날 개같이

깨갱깽 깨갱깽 울면서
우리는 성심껏 서로를
죽였다
비수 같은 혓바닥을 세워
서로를 깊숙이 찔렀다

한껏 음란하게
우리는 서로를 죽였다
영화같이

(1985)

봉투 붙이기

어린 시절 초등학교 다닐 때
우리 집 식구들은
가끔씩 밤새워 봉투를 붙였다
낮에는 큰 중국요리집 식탁보를
받아다 빨래해서 돈을 벌고
밤에는 헌 신문지로
가게에서 쓰는 봉투 만드는 일을 해서
돈을 보탰다
빠른 손끝에서 봉투가
척 척
만들어지는 게 너무 신기해
봉투 붙이는 일에 열중하다 보면
어느새 날이 훤히 밝기가 일쑤.
그러면 엄마는
얘야 그만 자라 자
그래야 내일 학교가지.
봉투 붙이는 일은 참 재밌고 신나는 일
그런 일감이 자꾸 있어야
맛있는 꽈배기를 자주 먹을 수

있으니까

(1984)

마음이 외로울 때

　황금빛 물감을 배꼽에 바르고, 엉덩이를 한껏 관능적으로 흔들며 춤추는 아라비아의 무희 생각이 난다.

　손톱을 엄청나게 길러(적어도 10cm 이상) 그 위에 커피색 매니큐어를 칠한 여인의 권태로운 손놀림이 생각난다

　손가락마다 반지, 귀에는 귀걸이, 코에는 코걸이, 배꼽 아래엔 배찌, 발목엔 발찌(방울을 달아 걸을 때마다 소리가 나는)…… 온몸이 온통 장신구로 뒤덮인 인도의 궁녀 생각이 난다

　전라(全裸)의 몸에 모피(毛皮) 코트만을 걸치고, 송곳같이 뾰족한 하이힐을 신고, 다리를 벌린 채 비스듬한 자세로 앉아 있는 여인 생각이 난다.

　발목까지 내려오는 긴 머리를 잔뜩 파마로 부풀리고(그 머리칼 숲 속에 내 코를 박고 그녀의 짙은 향수 냄새를 맡고 싶은), 머리칼을 오색 물감으로 염색한 여인—그 퇴폐적이면서도 백치미 넘치는 모습 생각이 난다

(1988)

신(神) · 1

　신이 드디어 나타났다는 소문이 들렸다. 사람들이 모두 몰려나와 신을 구경하고 있었다. 신은 거리 한복판에 드러누워 있었다.
　신의 모습은 아주 괴상했다. 얼굴엔 눈이 다섯 개, 코가 세 개나 달려 있었다. 입은 사발만큼 크고, 손가락은 양쪽을 합쳐 스무 개나 되었다. 온몸엔 금빛 나는 털이 덮여 있었다.
　빽빽이 모여 있는 사람들 사이의 여기저기에서 감탄하는 소리들이 새어나왔다. "어쩌면 저렇게 우람한 몸집을 하고 있을까?" "털이 저토록 금빛일 수가 있어?" "저 입을 봐, 얼마나 늠름해 보여?"
　그때 신이 갑자기 재채기를 했다. 여섯 개의 콧구멍과 커다란 입에서는 콧물과 더러운 가래가 한꺼번에 튀어나와 사람들에게 튀었다. 그러자 사람들은 "에그머니, 이게 웬일이야?" 하고 소리를 지르며 냅다 우르르 흩어져 달아나 버렸다.

(1977)

신(神) · 2

　그가 처음 태어났을 때, 그는 별로 행실이 좋지 못했다. 칠십이 되어 죽어서 그는 신 앞에 갔다. 신은 그의 생전의 비행(非行)을 알아보더니 노하여 그 벌로 말을 만들어버렸다. 말로 다시 태어났을 때, 그는 마음은 뻔히 사람이었으나 말은 할 수가 없었다. 말로 사오년을 지내니 고통스럽기 그지없었다. 주인이 안장도 없이 타고서 양쪽 발뒤꿈치로 조이기도 하고 차기도 하니 아픔이 가슴속까지 미쳤다. 이런 일을 당하는 것이 하도 분하여, 아무것도 먹지 않고 굶다가 마침내 죽어 버리고 말았다. 다시 저승으로 오니까, 신은 벌의 기간이 아직 차지 않은 것을 보고서, 고의로 벌을 피하려고 한 죄를 꾸짖고 가죽을 벗겨 개로 만들었다. 개가 된 후로, 똥오줌을 보면 더러운 줄 알면서도 냄새를 맡으면 향기로웠다. 개가 된 지 몇 해가 지났으나 항상 분한 생각을 참을 수가 없었고, 단지 죽고 싶은 마음뿐이었다. 그러나 또 한편 생각하면, 자살을 하면 고의로 벌을 피하는 것이 되니 그것이 두려웠다. 그리하여 일부러 계책을 세우고 주인을 물어뜯었더니, 주인은 노하여 몽둥이로 때려 죽였다. 다시 신 앞에 오자 신은 그 미치광이짓에 화를 내어 매를 수백 대 치고 다시 뱀을 만들었다. 뱀으로 또 일 년이 지났다. 자살을 해도 안 되는 일이요, 사람을 해치고 죽여도 안 되는 일이니, 어떻게 훌륭하게 죽는 방법은 없을까 하고 아무리 생각해 보았지만 좋은 생각이 나지 않았다. 그러던 어느 날, 길에 차가 지나가는 소리가 들리므로, 급히 한길로 나왔다. 그러고는 차에 깔리어 두 동강이 나고 말았다. 그가 너무 빨리 돌아온 것을 신이 의아히 여기자, 그는 엎드려 자백하였다. 그러자 신은 죄 없이 죽음을 당한 것이라 하여 용서해 주고, 죄업이 다 찼다고 다시 인간으로 만들었다. 이것이 바로 지금의 그다. 그는 지금도 인간으로 태어났지만 역시 죽고 싶을 뿐이라고 말한다. 그러나 죽어도 죽어지지 않는 인생, 이 더러운 윤회를, 그는 너무나 억울해 하며 한탄한다.

(1979)

신(神) · 3

한 여신(女神)의 사당이 있었다. 어느 날 어떤 사내가 그 사당에서 잠을 잤다. 그러자 꿈에 웬 종이 나타나 신이 부른다고 하였다. 사내가 그 뒤를 따라가 보니 신이 웃으면서 말하였다. "잘 오셨습니다. 진심으로 흠모하고 있었어요. 그대를 낭군으로 모시고자 합니다. 잠시 후 맞으러 가오리다." 꿈을 깨고 나니 사내는 신이 밉살스러웠다.

이날 밤, 마을의 주민들이 꿈에 신을 보았는데, "아무개가 지금 내 남편이 되었으니 상(像)을 파 드리셔요" 하는 것이었다. 그러나 사람들은 여신의 정절을 더럽히는 것이 두려워 분부를 좇지 않았다. 그런데 얼마 안 가서 마을에 병이 돌았으므로 크게 두려워하여 사내의 초상을 신의 왼편에 만들어 놓았다. 초상이 만들어진 뒤 사내는 그의 부인에게 "신이 영접을 왔다" 하고 말하더니 그만 죽어버렸다. 처는 원통히 생각하여 사당에 나아가 여신의 초상을 더럽히며 욕을 하고 너댓번 뺨을 치고 돌아왔다.

(1984)

신(神) · 4

　신들이 사는 나라에 가 보았다. 신들은 마치 진시황과도 같은 쾌락 속에서 생활하고 있었다. 다만, 수많은 시녀나 노예가 모두 생물학적 로봇이라는 점이 다를 뿐이었다. 로봇은 모두 다 잘생기고 예뻤는데, 인간과 똑같은 모습, 똑같은 기능을 갖고 있었다. 다만 그들에겐 자유의지가 없는 것만이 달랐다. 그들은 명령을 받지 않고서는 아무것도 할 수 없다. 그들은 어떠한 개인적 욕구도 갖지 않고 자기의 전문적인 일에 열중하는 이외에는 아무런 기쁨도 느끼지 않는다. 남신(男神)은 절대 복종하는 여자 로봇을 수십 개라도 가질 수 있다. 여신(女神)도 마찬가지로 남자 로봇을 몇 개라도 가질 수 있다. 로봇 제조 장치는 소유자의 취향에 따라 여러 종류의 로봇을 만들어 낸다. 어떤 로봇에 싫증이 나면 그것을 파괴해(죽여) 버리면 된다. 그래서 신들의 나라엔 결혼제도 같은 것은 없다. 각자가 신나게 즐길 뿐이다. 내가 처음 보기엔 신들의 나라는 노예들이 우글거리는 나라였다. 아, 이상하고 신기한 신들의 나라. 어떤 사디스틱한 쾌락도 절대로 보장되는 즐거운 나라, 로봇 나라.

(1985)

죽음 앞의 예수

죽기는 싫다 어렵다 그러나
백성들을 속이기는 더욱 어렵다
천국이 가깝다고 가르쳤지만
은근짜 비유적으로 얼버무려 가르쳤지만
수도꼭지만 틀면 우유와 포도주가 쏟아져 나오는 천국
진짜 기가 막히게 행복에 겨운 천국을 기대하는 백성들에게 나는 신경질이 난다
하긴 그러고 보니 희망처럼 무서운 것은 없다 사람들은
모두 희망의 노예가 되었다 나 때문에
세 치 혀 때문에
나도 희망이 무섭다 절망보다 더 두렵다 그런데도
나는 죽으면서까지 천국을 이야기해야 한다 백성들을 위하여
희생적으로
하기야 참 빨리 죽게 되어서 다행이지
더 휘둘러댈 거짓말도 없을 때
참 속일 대로 어지간히 속여대었을 때 죽게 되어서 다행이지
희망을 남겨 놓고 유산으로 남겨 놓고
몹쓸 유산으로 남겨놓고
그런데 왜 이리 죽음의 고통은 관능적인 것일까

죽기까지도 쾌락에 시달려야 하는 걸까 참 인간은 더럽다 어찌하여
막달라 마리아의 그 부드러운 혀끝
그 달짝지근한 애무가 생각나는 것일까
그 밤의 추억이 생각나는 것일까
참 더럽다 인간은
더 더럽다 희망적인 인간은

(1976)

잡초

얼마 전에 나는 마당의 잡초를 뽑았습니다.
잡초는 모두 다 뽑는다고 뽑았는데 몇 주일 후에 보니 또 그만큼 자랐어요.
또 뽑을 생각을 하다가 이런 생각이 들었습니다.
대체 어느 누가 잡초와 화초의 한계를 지어 놓았는가 하는 것이에요.
또, 어떤 잡초는 몹시 예쁘기도 한데
왜 잡초이기에 뽑혀 나가야 하는지요?
잡초는 이렇게 아무 도움 없이 잘만 자라 주는데
우리들은 단지 잡초라는 이유로 계속 뽑아 버리고만 있습니다.

(1983)

그가 이젠 개고기를 먹지 못하게 된 이유

　그는 좀 인정머리가 없는 사람. 개를 기르다가 잡아먹곤 하였다. 그런데 지난번 개를 잡을 때 그는 실수를 했다. 그는 늘 개를 도끼로 잡았는데, 그만 빗나가 귀만 자르고 말았다. 개는 피를 흘리며 도망쳤다. 그는 당황해서 다시 도끼질을 했으나 역시 코끝만 자르고 빗나갔다. 개는 더욱 비명을 지르며 필사적으로 도망쳤으므로 도저히 따라잡을 수가 없었다. 그래서 그는 꾀를 내어 보통 때 개를 부르던 식으로 다정하게 손짓을 하며 개의 이름을 불렀다. 그러자 개는 겁먹은 표정으로 돌아서는 것이었다. 그는 더욱 다정한 목소리로 개를 불렀다. 개는 꼬리를 치며 다가왔다. 그는 개의 머리를 쓰다듬어 주었다. 개는 더 꼬리를 치며 주인의 품에 머리를 박았다. 그래서 이번엔 정통으로 개의 이마빡을 맞힐 수가 있었다.

　하지만 이번엔 뒷맛이 아주 께름칙했다.

(1982)

손

　바닷가 마을에, 손가락이 여덟 개 달린 병신이 살고 있었다. 그 사내는 일도 열심히 하고 마음씨도 착했지만, 사람들은 그를 끈질기게 놀려대었다. 하긴, 합쳐서 열여섯 개나 되는 손가락은 보기에 흉측하고 징그러웠다. 세월이 갈수록 사람들은 그 사내를 따돌렸다. 결국 그는 마을에서 쫓겨나 바닷가 외딴 곳에서 살 수밖에 없었다. 그는 외톨이, 친구도 없었다. 그는 너무 외로웠다. 그의 마음속에서는 점점 더 자기의 흉측한 손가락에 대한 미움과 저주가 커졌다. "아아, 내 손이 이렇게 생기지만 않았다면 나도 남들처럼 행복하게 살 수 있었을 것을……" 하며 그는 날마다 슬픔에 잠겼다.
　그러던 어느 날, 그는 자기의 처지에 대한 참을 수 없는 분노에 거의 미치다시피 되어, 자기의 불행의 원인인 두 손을 잘라 내었다. 그리고 그는 두 손을 바다에 던져 버렸다. 손을 버리고 난 뒤, 그는 허탈한 마음으로 바닷가에 외롭게 앉아 있었다. 하루가 지나고 이틀이 지났다. 그는 거의 굶어 죽게 되었지만 꼼짝도 하기가 싫었다. 그때 바다에서 그에게로 스멀스멀 기어오는 것이 있었다. 그것은 작은 문어같이 생겼다. 문어는 먹을 것을 들고 있었다. 그러고는 "아저씨, 배고프지요? 어서 이것을 잡수세요" 하며 사내의 입에 먹을 것을 넣어 주는 것이었다. 사내는 그것을 맛있게 받아먹었다. 그러고 나서 "그런데 너는 누구냐? 누군데 나한테 먹을 것을 가져다주지?" 하고 물었다. 그러자 문어는 빙그레 웃으면서 이렇게 대답했다. "저요? 저는 아저씨가 잘라 버린 아저씨의 손이에요."

그 뒤에도 문어는 계속해서 먹을 것을 가져다주었다. 사내는 행복했다. 이젠 외롭지 않았다. 둘은 바닷가에서 오래오래 다정하게 살았다.

(1983)

도깨비불

어디 갈 곳이 없어 이곳까지 내려왔느냐
하늘 끝 어드메조차 네 집이 없었더란 말이냐
슬프디슬픈 빛깔로 분신(焚身)하는
서러운 윤회의 넋, 도깨비불이여.

아, 이 무슨 엉뚱한 기적이랴
긴 세월 죽었던 이들에게 숨결이 돌아
부웅부웅 한기(寒氣) 어린 산울음 따라
새로운 부활로 이 밤을 장식함은.

섬뜩한 비애의 황홀한 아름다움이
징그러운 이 내 고독 알뜰히 감싸느니
칼끝처럼 스며오는 요요(夭夭)한 네 흐느낌 소리
즈믄 밤 가슴 에이던 거룩한 저주의 노래여

북 치라, 징을 치라, 피리를 불라
천지간 어느 구녁에도 붙을 데 없는
산귀신, 물귀신, 온갖 원귀 한자리 모아
한바탕 춤추어 시름 잊게 하라

배고픈 짐승떼의 커엉커엉 피울음은
휘우뚱 한풀이 춤엔 제격의 반주!
십년째 고사(告祀) 못 받아 심술난 산신마저도
오늘 밤 부산거림엔 제 스스로 흥겹다.

달빛 호젓하여 외로운 밤이면
무덤가 버들숲으로 도깨비불이여 오라.

(1984)

그 여자의 손톱

야하디야한 그 여자의
길고 날카로운 새빨간 손톱에서는
옛날 노예들의 피 냄새가 난다
로마의 노예선에서 노를 젓고 있던 불쌍한 노예의 등에
사정없이 내리쳐진 가죽 채찍
그 채찍 끝에 엉겼던 검붉은 핏방울
그 핏자국이 손톱에선 어른거린다
무거운 돌을 날라 스핑크스를 만들던 이집트 노예의 피
만리장성을 쌓을 때 깔려 죽은 중국 민중의 피
아니면 노예들을 방석 대신 깔고 앉던 이집트의 파라오나
천하를 호령하던 진시황의 음탕한 웃음이 흘러나오던
그 욕심 많은 입술의 추한 붉은 빛
확실히 요염해 보이는 그 여자의 손톱에서는
겁에 질린 백성들의 병신 같은 표정들도 보이고
밤거리 여인네들이 더덕더덕 찍어 바른
싸구려 화장품 냄새도 나고
클레오파트라의 고혹적인 자태가 드러나기도 한다
가끔은 전쟁 냄새도 난다

(1985)

사랑이여

　　당신이 바닷가의 거센 파도 같은 생각이 들 때가 있어요. 저는 바닷가의 작은 바위. 당신은 사나우리 만치 강한 사랑으로 저를 압도하여 옵니다. 그러면 저는 어쩔 수 없이 매일매일 당신의 사랑 속에 빠져들어가 버려요. 당신은 언제나 웃으며 춤추며 저에게 달콤한 목소리로 휘감겨 와요. 저는 당신의 품속에 얼굴을 묻고 행복으로 흐느끼지요. 그러나 저는 그토록 큰 당신의 사랑에 제 작은 몸을 지탱할 수 없습니다. 그래서 제 몸은 당신의 품안에서 차츰 깎이어 작게 허물어져 가요. ……그러면서 그러면서 저는 늙어요.

　　세월이 아주아주 흘러…… 제가 당신의 사랑을 감당못하리 만큼 몸이 깎이어 없어져 버린다면 어떻게 할까요? 당신은 제가 당신의 사랑을 마음껏 받아들여 주지 않는다고 화를 내실 거예요. 그리고 저보다 더 크고 더 억센 바위를 찾아, 새로운 사랑을 찾아 나서실 거예요. 그러나 저는 이미 몸이 부서져 흩어져 버려, 당신을 붙잡을 수가 없어요. 저는 단지 힘있게 출렁거렸던 당신의 사랑을 되새기며 바다 위를 떠다니겠지요. 그러다가…… 전 아예 죽어 물거품처럼 사라질 뿐이구요…… 잊혀져 버릴 뿐이구요.

(1978)

씨

이제는 과일을 먹을 때 씨까지 먹기로 했다.
껍질째, 씨째, 통째로 먹기로 했다.
생활에, 사랑에, 지친 내 마음
삭막해질 대로 삭막해진 마음이
싱싱한 씨앗들을 부른다
포도도 참외도 씨째로 먹는다.
씨를 씹지 않고 통째로 삼킨다.
그러면 씨들은 내 황량한 가슴속으로 떨어져
싹이 터 무럭무럭 자라난다
자라라 자라라 어서어서 자라라
포도를 먹으면 내 가슴속에 포도넝쿨이 우거지고
참외를 먹으면 참외밭, 수박을 먹으면 수박밭
딸기를 먹으면 드넓은 딸기밭이 펼쳐진다
아니, 더 큰 과일나무도 심어야지
사과, 자두, 복숭아도.
과일을 온통 씨까지 먹으면
가슴속은 하나 가득 싱싱한 과일밭이 된다
푸른 빛 언제나 가득한 과수원이 된다.

(1984)

뾰족구두

뾰족구두는 섹시하다. 한 십오 센티미터쯤 되는 날카롭게 높은 굽이면 더욱 요염하게 예쁘다. 아름답게 보이려고, 관능적으로 보이려고, 다리의 불편함을 감수하고 약간 기우뚱 아슬아슬하게 걷는 모습은 애처롭게 보여서 한결 아름답다. 그 모양은 마치 중국 여인들의 전족을 연상시킨다. 그러나 쩔뚝쩔뚝 걷긴 둘 다 마찬가지지만 전족의 선은 뾰족구두의 선보다 너무 둔탁하여 보기 싫다.

뾰족구두는 굽이 날카롭게 뻗어 있어 아름답다. 칼날 같은 굽으로 내 손등을, 목을, 내 가슴을 마구 비벼대는 장면을 연상하면 내겐 이상한 흥분이 온다. 아니면, 너무너무 높은 굽으로 안간힘을 쓰며 걷는 고통스러운 여인의 모습을 상상해도 꽤 야릇한 쾌감이 온다. 뾰족한 쾌감, 칼날 같은 쾌감.

사디즘과 마조히즘, 이 두 가지 흥분과 쾌감 사이에서
오락가락하는
이상한 자유
부질없는 자유

(1985)

4.

왜 나는
순수한 민주주의에
몰두하지 못할까

성욕에

왜 자꾸만 쫓아오는 거냐 이상한 자유야
얼마나 많은 도시에서의 죽음 같은 밤들이
너의 섬뜩한 전율에 아양 부리며 속삭였던 것이냐

어째서 모든 거리마다엔
너 없이는 벌써 흐름 속에 자신을 잃었을
그런 고독한 사람들이 살고 있는 거냐

왜 나는 언제나
본능은 사랑의 무게보다 더 무거운 것이라고 억지로 나를 설득하는
너의 불유쾌한 이웃이 되어야 하는 거냐

(1976)

귀골(貴骨)

　이불을 깔지 않은 맨바닥 위에선 잠이 잘 오지가 않더군. 드러눕지도 못하겠어. 몸이 원체 말라서 이리저리 뼈가 튀어나와 방바닥에 살이 배기기 때문. 그런데도 서울역 대합실이나 남대문 지하도의 노숙자들과 거지 아이들은 시멘트 바닥에서 잠을 잘도 자고 있었어. 그것도 대낮에. 괜히 육신이 예민하여 조그만 소음이나 자극에도 잠을 잘 못 이루는 나보다 그들은 그래도 행복해 보였어. 이런 고통을 어머니께 호소하면, 으레껏 어머니는 "그건 네가 귀골(貴骨)인 탓이야"라고 말씀하시며 대견스레 당신의 아들을 바라보시더군. 오늘도 퇴근길에 벗어논 내 양말을 빨아 주시며, "발에 땀이 없는 걸 보면 넌 역시 귀골이야, 귀골. 천골(賤骨)인 사람들은 꼭 발에 땀이 많아 가지고 썩는 냄새가 나거든. 사람은 확실히 날 때부터 천골과 귀골이 따로 있는 모양이야" 하시며 흐뭇한 표정을 지으시지 않아. 그러고 보니 정말, 어디서나 잠을 쿨쿨 잘 자는 친구들, 살이 질펀하게 찐 친구들이 꼭 천골로 보여. 피곤한 모습으로 시장터에서 정신없이 낮잠을 자고 있는 행상 아주머니들도 확실히 천골. 노숙자도 천골. 자장면을 20초에 게걸스럽게 먹어치우는 사람도 천골. 천골로 태어난 그들은 참 불쌍하지. 귀골, 귀골로 태어난 나는 참 그래도 행복하지. 돈은 없어도 나는 몸이 말랐어. 신경도 날카로워. 큰 부자는 못된다고 해도, 그래도 노동을 하지 못하고 다방 구석에서 담배 연기를 뿜으며 세월을 한탄하고, 거지들에게 십 원짜리 동전이라도 떨어뜨리며 흐뭇해 할 수 있는 귀골인 나는 그래도 얼마나 행복한 놈이야? 귀골 귀골 귀골. (발음이 이상해, 꼭 개구리들이 악마구리처럼 떠드는 소리 같지 않아?) 아무튼 좋은 게 좋지. 귀골이 좋지. 사람은 태어날 때부터 귀골과 천골이 따로 있다더군. 천골은 날 때부터 눈이 세 개라더군. 뿔이 달렸다더군. 흉측한 꼬리도 달렸다더군.

(1976)

늙어가는 노래

내 나이 아직 어렸을 때에
나는 빨리 어른이 되고 싶었지
어른만 되면 모든 꿈을 이룰 수 있을 것 같았지
그러나 난 지금 꿈을 이룰 수 없네
나는 이미 어른이기에.
안쓰럽게 푸른 새싹으로 올라와
한스럽게 다 자란 싹으로 피어났던
애닯고 안타까운 나의 희망이여

어쨌든 내겐 아직 희망이 필요하지만
이 얄미운 목숨을 지탱하기 위한
멍텅구리 같은 희망이라도 필요하지만
그래도 나는 희망을 이룰 수 없네
나는 이제 자라나는 나무가 아니라
점점 죽어가는 나무이기에
나는 벌써 어른이기에

뒤섞인 나날 속에 지쳐 누운 추억의 그림자
초라한 기억 속에서 안간힘 쓰며 꿈틀대는

이 사랑, 이 욕정, 이 본능!
그러나 나는 사랑을 이룰 수 없네
아, 나는 어른이기에
절망보다 오히려 더 두려운 그 '희망'을 믿기엔
이미 너무나 똑똑해져버린
⋯⋯서글픈 어른이기에.

(1983)

나는 즐거운 마조히스트

　여자는 성기의 구조상 항상 공격받아야 기분이 좋아지는 법이고, 따라서 나는 다행히도 분명 마조히스트이다. 이 사실을 알게 된 것은 극히 최근의 일로서, 그전까지는 성이란 그저 성기관의 접촉에 불과한 것으로만 알고 있었다. 물론 성행위 자체로 본다면 나도 누구 못지않게 열심히 빨아 주고 핥아 주고 한 까닭에 충실한 애인으로 평가받았다. 그런데 이상했던 것은, 막상 내가 그이에게서 그런 서비스를 받게 되면 곧 몸이 굳어져 버리고 쑥스러워져서 그만 성욕이 뚝 떨어져 버린다는 사실이었다. 그러던 어느 날, 그가 어디서 배운 것인지 한참 성교 중에 무엇인가 날카로운 부분으로 내 가슴을 할퀸 적이 있었다. 너무나도 돌발적인 일이라 통증도 느끼지 못할 만큼 놀랐으나 어쩐 일인지 기분이 너무나 상큼해졌다. 표현할 수 없는 짜릿함. 오금이 저려오는 듯한……. 더욱 뾰족한 것으로 찔리고 싶어 미칠 지경이었다. 그가 사용한 것은 성냥개비였는데, 난 곧 머리의 실핀을 뽑아 그에게 주었다. 나중에 보니 온몸이 온통 긁힌 자국으로 보기에도 처참했지만, 너무 그가 고마워서 그의 발바닥까지 핥아 주었다. 그 뒤로 그는 가죽 허리띠 같은 것을 사용하여 나를 즐겁게 해주었는데, 그 모양새가 너무 궁상스러워서 결국은 통가죽집에 부탁하여 가늘고 예쁘게 생긴 채찍을 만들었다. 직접적인 신체적 자극 외에, 나는 애무 중에 그가 원색적 표현의 말을 쓰는 것에도 굉장히 흥분한다. "보지가 쫀득해서 맛있다"든가, "네년의 조개가 제법 꽉 깨무는데" 등의 이야기에 나는 눈이 뒤집혀질 만큼 흥분한다. 그러나 그 정도보다 더 진하고 직접적인 욕설과 비난을 듣고 싶은 게 내 솔직한 심정이다. 그와 만날 때만 귀여운 채찍 세례를 당하고 욕설을 듣고 하는 것이 감질나서 나는 요즘 손톱을 길게 기르기로 했다. 특히 끝을 예리하고 뾰족하게 갈아서 손톱 끝으로 늘 손등이나 손가락을 슬슬 찌르고 할퀴고 하며 하루 종일을 보낸다는 것은 너무나 유쾌한 일이다. 마치 하루 종일 짙은 애무를 하고 있는 기분이랄까. 아무리 재미없는 상황(예컨대 싫은 사람과의 지루한 대화나 재미없는 설교 듣기)에서도, 나는 손가락 끝을 교묘히 놀려가며 짜릿한 쾌감을 상대방에게 전혀 들키지 않고 즐길 수 있다. 그래서 나의 표정은 언제나 밝고 따뜻해지고, 모든 주위 사람들도 그런 나를 사랑한다.

(1989)

업(業)

개를 한 마리 기르기 시작하면서부터
자식 낳고 싶은 생각이 더 없어져 버렸다
기르고 싶어서 기르지도 않은 개
어쩌다 굴러 들어온 개 한 마리를 향해 쏟는
이 정성, 이 사랑이 나는 싫다.
그러나 개는 더욱 예뻐만 보이고 그지없이 사랑스럽다
계속 솟구쳐 나오는 이 동정, 이 애착은 뭐냐
한 생명에 대한 이 집착은 뭐냐
개 한 마리에 쏟는 사랑이 이리도 큰데
내 피를 타고난 자식에겐 얼마나 더할까
그 관계, 그 인연에 대한 연연함으로 하여
한 목숨을 내질러 논 죄로 하여
나는 또 얼마나 평범하게 늙어갈 것인가
하루 종일 나만을 기다리며 권태롭게 지내던 개가
어쩌다 집안의 쥐라도 잡는 스포츠를 벌이면 나는 기뻐진다
내 개가 심심함을 달랠 것 같아서 기뻐진다
피 흘리며 죽어가는 불쌍한 쥐새끼보다도
나는 그 개가 내 개이기 때문에, 어쨌든
나와 인연을 맺은 생명이기 때문에

더 사랑스럽다

하긴 소가 제일 불쌍한 짐승이라지만

내 개에게 쇠고기라도 줄 수 있는 날은 참 기쁘다

그러니 이 사랑, 이 애착이 내 자식새끼에겐 오죽 더해질까

자식은 낳지 말아야지, 자신 없는 다짐일지는 모르지만 정말 자식은 낳지 말아야지

모든 사랑, 모든 인연, 모든 관계들로부터 탈출할 수 있게 되도록 이를 악물어 봐야지

적어도, 나 때문에, 내 성욕 때문에 내 고독 때문에, 내 무료함 때문에

한 생명을 이 땅 위에 떨어뜨려 놓지는 말아야지

(1979)

왜 나는 순수한 민주주의에 몰두하지 못할까

노예들을 방석 대신 깔고 앉는
옛 모로코의 왕이 나오는 영화를 보고 돌아온 날 밤
나는 잠을 못 잤다 노예들의 불쌍한 모습에 동정이 가다가도
사람을 깔고 앉는다는 야릇한 쾌감으로 나는 흥분이 되었다
내겐 유일한 자유, 징그러운 자유인
죽음 같은 성욕이 나를 짓눌렀다.
노예들이 겪어야 하는 원인 모를 고통에 분노하는 척해 보다가도
은근히 왕이 되고 싶어하는 나 자신에게 화가 치밀었다.
그러나 역시 내 눈앞에는 왕의 화려한 하렘과
교태부리는 요염한 시녀들의 모습이 어른거린다.
이 얄미운 욕정을 가라앉히기 위해서 나는
온갖 비참한 사람들을 상상해 본다.
굶어 죽어가는 어린 아이의 퀭한 눈
쓰레기통을 뒤지는 거지 할머니,
그런데도 통 마음이 가라앉질 않는다.
왕의 게슴츠레한 눈과
피둥피둥 살찐 쾌락들이 머릿속에 떠올라
오히려 비참과 환락의 대조가 나를 더 흥분시킨다.
아무리 애써 보아도 그 흥분은 지워지지 않아

나는 그만 신경질적으로 수음을 했다.
왜 나는 순수한 민주주의에 몰두하지 못할까

다음날도 나는 다시 극장엘 갔다.
나의 쾌감을 분석해 보기 위해서, 지성적으로.
한데도 역시 왕은 부럽다 벌거벗은 여인들은 섹시하다.
노예들을 불쌍히 생각해 줄 여유가 나에게는 없다. 그 동경 때문에 쾌감 때문에
그러나 왕을 부러워하는 나는 지성인이기 때문에 창피하다.
양심을, 윤리를, 평등을, 자유를
부르짖는 지성인이기 때문에 창피하다.
노예의 그 비참한 모습들이
무슨 이유로 내게 이상한 쾌감을 가져다주는 걸까
왜 내가 평민인 것이 서글퍼지는 걸까
왜 나도 한번 그런 왕이 되고 싶어지는 걸까
아니 그럭저럭 적당히 출세라도 해서
불쌍한 거지들을 게슴츠레한 눈으로 바라보고 싶어지는 걸까
왜 나는 순수한 민주주의자가 되지 못할까
왜 진짜 민주주의에 몰두하지 못할까

(1977)

우리들은 포플러

포플러는 오늘도 몸부림쳐 날아오르고 싶어한다.
놓쳐 버린 그 무엇도 없이
대지의 감미로움만으로는 아직 미흡하여

다만 솟구쳐 날아오르는 새가 부러워
끝 간 데 없이 뻗어나간 하늘이 부러워
바람이 부러워
포플러는 자유의 의미도 모르는 채
언제껏 손을 쳐들고
흔들고만 있다.

날아오르라, 날아오르라, 날아오르라,
땅속에 묻어 버린 꿈, 역사에 지친 생활의 빛에
체념, 권태로 하여 잊어버린
네 생명의 자존심 섞인 의지에!

아무리 흔들어 보아도 손에 잡히지 않지만
아픔도 잊고 세월도 잊고 사랑도 잊고
포플러는 오늘도 안타깝게 손을 휘저어 본다.

명백히 놓쳐 버린
그 무엇이라도 있다는 듯이

(1977)

어른이. 될 때

가끔씩 나는, 내가 아주 어렸을 때
어려서, 너무 어려서
엄마와 아빠의 침실을 들여다볼 수 있었던
옛 시절을 그리워합니다.

그럴 때면
나는 가슴 섬뜩하게 밀려오는 불안을
감출 수 없습니다.
투명스런 총(銃)만큼의 무게로
지금 나의 가슴을 짓눌러 달려오는 것은
간혹
이상한 생각들을 하는
나보다는 월등하게 똑똑한
이상한 아이.
나는 나의 생각들이 모두 정당한 것인지
알 수 없습니다.

왜
어렸을 때 그토록 만지기 좋아했던

엄마 젖꼭지는
지금 내 눈에
내 여자 친구의 숨겨진 젖꼭지처럼 보이는 것일까요.
엄마의 주름진 배를 만져볼 때마다
나는 짜릿하게 느껴지는 공포감을 어찌할 수 없습니다.

어렸던 시절
심심할 때마다 들여다보곤 했던
내 누나의 방,
시집간 누나의 방문 앞에서
두 살짜리 여조카
하체
풍만한 곡선 보는 것이
웬지 슬픕니다.

(1967)

사랑받지 못하여

님이여, 저는 아주 키가 작은 나무이고 싶어요.
우리들은 모두 다 외로움의 대지에
뿌리를 깊이 내린 나무들입니다.
나무들은 모두 고독으로부터 벗어나려고
몸부림치고 있어요.
그래서 대지와는 정반대 방향인 하늘만을
바라보고 있지요.

키가 비슷하게 작은 나무들은, 서로의 가슴 위로 불어 가는
크고 작은 바람들을 함께 알아요.
모두들 외로움에 깊게 지쳐 있기 때문에
나무들은 서로가 서로를 바라보고 싶어합니다.
하지만 키가 큰 나무들은 그 큰 키만큼
고적하고 외롭습니다.
하늘만을 바라볼 수 있을 뿐,
서로가 마주 보며 사랑을 나눌 수 있는
나무가 적으니까요.

님이여, 그래서 저는 아주 작은 한낱 잡목이고 싶어요.

키 큰 나무는 되고 싶지 않아요.
비록 아무 의미도 없이 쓰러져 땅속에 묻혀 버린다고 해도,
저는 그저 외롭지 않게 한세상을 살며
꿈꾸듯 서로 바라보며
따사롭게 위안 받을 수 있는
그런 많은 이웃들을 가지고 싶습니다.

(1982)

영구차와 개

슬픈 유족과 조객들을 싣고 장지로 가던 영구차는
시골길에서 그만 개 한 마리를 치어 죽였다.
작은 잡종개는 그만 아픔에 못 이겨
깨개갱거리며 울다가 죽어 버렸다.
영구차는 잠시 주춤 섰다. 그러나 다시금 목적지를 향해 장중하게
달렸다.
죽어가는 개를 측은히 여기던 차 안의 사람들도
차가 한참을 달려 개에게서 멀어지자
다시금 관 속에 누운 고인을 생각해 내곤
곧 개의 아픔을 잊어버렸다.
고인을 위한 슬픔의 무게는 개의 죽음의 무게보다 더 컸다.
내게도, 멀리서 점점 작아지며 들려오는 개의 깨갱소리가
마치 바이올린의 고음인 양 아름답게조차 들렸다.
내게도 고인에 대한 사랑은 컸다.

며칠 전, 명동 뒷골목에서의 일이 생각난다.
웬 거지 한 사람이 기운 없이 쓰러져 있는 것을 보고
난 울컥 불쌍하다는 생각이 들기는 들었다가
아마 술에 취한 녀석일 거야 하고 애써 자위하며

슬쩍 눈길을 피해 지나가버렸다.
사실 난 그의 더러운 몸이 내 새 옷에 묻을까 봐
겁이 났었다 난 귀찮았다.
경찰이 어련히 잘 돌봐주겠지 생각했다.
또 나에겐 급한 약속이 있었다.

확실히
한여름 대낮, 빌딩의 비좁은 그늘 아래서 낮잠을 자는
노숙자의 더러운 얼굴에서 난 시를 읽을 수 없다.
한 마리 파리가 꾀죄죄 때묻은 그의 표정 속을 지나가고
헤벌어진 입술 사이론 하수도만큼이나 찐득거리는 침방울이 흘러
내린다.
아무리 내가 민주주의를 사랑한다고 해도
더러운 걸인의 몸뚱이를 껴안고 시를 외울 순 없다. 또
하찮은 개의 죽음을 위하여 눈물을 흘릴 여유는 없다.
고인을 애도하기 위하여, 더 큰 슬픔을 위하여, 다만
그 차가 영구차이기 때문에

언젠가, 무겁게 내리누르는 일상의 무게에 짓눌리어

생활의 무게가, 고생의 무게가
내게 시를 쓰게 한다고 그래서
생활의 무게를 감수하겠다고
비겁하게 공언하던 것을 부끄럽게 기억한다.
그런데도
내게는 개의 아픈 비명이 바이올린 소리처럼 들리고
그 아픔이 실감되지 않았다.
노숙자의 고통이 실감되지 않았다.

아아, 나는 모른다. 어떤 슬픔이 더 무거운 것인가를
생활의 무게와 시의 무게가 어떻게 다른가를
철학과 생활이, 사랑과 동정이, 신의 섭리와 생존경쟁이, 귀골과 천골이
어떻게 다른가를
사람도 아닌 개를 위하여 슬퍼하는 것이 정당한가, 잊는 것이 정당한가를

그 차는 더 큰 슬픔을 싣고 가던 영구차였다.
그때 명동에서 나는 더 급한 약속이 있었다.

(1977)

벽

사람과 사람 사이에 벽을 쌓는다
아무렇지도 않게 벽을 쌓는다
때로는 언어로, 때로는 의복으로
때로는 화장으로, 때로는 윤리로
때로는 사랑으로
튼튼한, 튼튼한 벽을 쌓는다
결국 허물 수 없는 튼튼한 벽이 생긴다
벽이 튼튼한 만큼 사람들의 마음은
허물어질 것이다
그 사실을 알기도 전에 다시 벽을 쌓는다
혹은 성욕으로, 혹은 자유로
다시 한번 긴 여름철을 위하여 벽을 쌓는다
여름이 가기도 전에 가을의 벽이 보인다
……또 쌓는다

(1984)

당세풍(當世風)의 결혼

여러 해 동안 내 마음은 흔들려 왔다
겁 많은 희망도, 옹졸한 절망도 만나 왔다
한껏 명목뿐인 죽음과도 만나 왔다

이젠 힘주어 시끄럽게 짖어도 보겠다
허우적허우적 신나게 춤도 추어보겠다
오묘한 생활의 섭리도, 밤의 진리도 만나보겠다
안도(安堵)도 단란(團欒)도 만나보겠다

이젠 사치스런 반항도 폭음도 없다
대견스런 사주팔자,
과로한 아부(阿附)의 순간들만 있다

곧 쓰러지게 되리라
모든 습관처럼, 본능처럼
잠깐은 신났던 저번의 사랑처럼
행복으로 빛나던
짧은 예감처럼

(1977)

털

사람만 온몸에 털이 없는 건 참 이상하다.
인간이 워낙 뻔뻔스러운 동물이라서 털이 없어진 게 아닐까
모든 동물들 몸뚱어리에 붙어 있는 털은
추위를 이기기 위한 것이기도 하지만
부끄러움을 감추기 위한 것인지도 몰라
특히 얼굴에 붙어 있는 털은
거짓말 같은 것을 할 때 얼굴이
화끈 달아오르는 것을 가려 주지
헌데 인간은 웬만큼 창피한 일을 당해도 얼굴이 붉어지지 않아
워낙 뻔뻔하니까 강심장이니까
어디 얼굴뿐이야?
이젠 마음속까지도 까딱없지 양심도 까딱없지
그러다 보니까 사람은 털이 소용없게 되어
자연히 털이 퇴화되어 버렸겠지 뭐

(1983)

고구려

죽어가는 사막의 시간들을 이기지 못하여
마침내 쓰러져 버린 검은 빛 낙타여,
희망의 서글픈 종언을 나는 보는 듯하다.

욕심 많은 대상(隊商)들의 힘겨운 짐의 무게가
고뇌에 찬 너의 인내를 기어이 그르치고 말았는가

너를 쓰러뜨린 것은
너의 목마름 때문인가, 인간들의 목마름 때문인가, 아니면
사나운 시간의 무게 때문인가.

죽어가는 너의 고통을 위하여
탕, 한 방의 총성은 울리고
사람들은 너의 배를 갈라, 서둘러 물주머니를 찾기 시작한다.
그리고 사람들은 게걸스레 그것을 마신다.

아아 단 한 순간의 해갈을 위하여
사람들은 모래 위의 뜨겁고 긴 여정을 잊고 말았는가
너의 그 충직한 인고(忍苦)를 잊고 말았는가.

어이없는 너의 죽음 위에도
어김없이 다시금 밤은 내리고
어제 같은 무게로 밤은 내리고
전갈들은 숨 가쁘게 몰려와, 너의 살을 피 묻혀 파먹는다.

어김없이 다시금 밤은 내리고
어제처럼 그제처럼 밤은 내리고.

(1977)

여우와 포도

장자(莊子)를 읽다가 문득 이솝 우화에 나오는 〈여우와 포도〉 얘기가 생각났다.
탐스럽게 익은 포도를 따먹으려다가 손이 안 닿아
결국 포기해 버린 여우는
"젠장, 저 포도는 틀림없이 시고 맛없는 포도일 거야" 하고
자위(自慰)해 버렸다는 이야기.
장자(莊子)도 노자(老子)도 열자(列子)도 그런 경우는 아닐까
출세해 보려고 정치도 해보려고
악을 벅벅 쓰다가
결국 실패해 버리니까 산속으로 숨어서
제기랄 제기랄 이빨이나 갈다가 자위책(自慰策)으로
오럴 마스터베이션으로
한껏 초월한 체 세상이나 씹다 가버린
그런 한심한 사람들이나 아닐까
꽤 지성인인 체하는 나도
상당히 고상한 직업이라고 자부하며 교단에서
오늘도 선량한 학생들에게 노장사상(老莊思想)을 가르친다
그리곤 한껏 세상을 조소하며 우주조차
내 발 아래 있는 양 신나게

고결(高潔)해 한다
아, 차라리 공자(孔子)가 낫다 맹자(孟子)가 낫다
평생 벼슬살이하려고 안간힘을 쓴
그들이 더 솔직하다
노자도 장자도 결국은 그렇고 그런 이솝 우화의 여우
석가도 칸트도 소크라테스도 여우
또 나는 물론 물론
더 치사한 치사한 여우

(1984)

가을 비가(悲歌)

오지 않나 보다
어디 꼭 가야 할 곳이 있나 보다.

이 가을엔
귀신들 소리마저 아예 슬프니

풀벌레는 방으로 찾아와
밤새워 끼룩끼룩 울음을 운다.

흔들리며 깜빡이는 숲 너머 등불 사이로
부질없이 죽음을 내다보는 밤,

아, 웬일일까, 이별도 없는데
별다른 슬픔도 없는데

낙엽지는 소리에
마음은 벌써 늙는다.

(1983)

자화상

나스타샤 킨스키의 사주팔자 같은
클레오파트라의 사주팔자 같은
마릴린 먼로의 사주팔자 같은
마릴린 먼로가 신은 스타킹의 사주팔자 같은
임마뉴엘 부인의 사주팔자 같은
임마뉴엘 부인이 입은 속팬티의 사주팔자 같은
시바의 여왕이 단 귀걸이의 사주팔자 같은
하이얏트 호텔 로비에서 본
어느 백인 여자의
정말로 긴
너무 길어 끝이 꾸부러져 말려들어 가며 휘인
야한 손톱
에 바른
매니큐어의
사주팔자
같은

(1988)

국가

　내 외삼촌 K는 1951년, 국민방위군(國民防衛軍)으로 갔다. 그는 기피하고 싶어하였으나 열렬한 애국자인 그의 모친은 그를 억지로 떠밀어 훈련소로 보냈다. 그러나 그는 싸워 보지도 못하고 거기서 굶어 죽었다. 그곳 책임자들이 병사들의 식량 대부분을 착복해먹은 때문이었다. 다른 많은 젊은이들도 그렇게 죽었다. 전쟁이 끝난 후 책임자들은 기소되었다. 국가는 그들을 사형에 처했다.

(1969)

자유에

우리들은 죽어가고 있는가, 우리들은 살아나고 있는가. 우리들의 목숨은 자라나는 돌덩이인가, 꺼져가는 꿈인가. 현실의 삶은 죽어가는 빛인가, 현실의 죽음은 뻗어가는 빛인가.

(1973)

별

이 세상 모든
괴로워하는 이의 숨결까지
다 들리듯
고요한 하늘에선

밤마다
별들이 진다

들어 보라

멀리 외진 곳에서 누군가
그대의 아픔을 위해
기도하는 시간

지는 별들이 더욱
가깝게 느껴지고

오늘
그대의 수심(愁心)이

수많은 별들로 하여
더욱
빛난다

(1983)

5.

개처럼
사랑하고 싶다

사랑노래

나는 기다렸지.
네 손톱이 빨리 자라나기를
네 손톱이 1센티 2센티 길어질 때마다
나는 숨을 헐떡이며 그 순간을
기다렸지, 드디어 네 뾰족한 손톱이
날카로운 비수처럼 요염하게 길어졌을 때
나는 네 열 개의 손톱에 정성껏
핏빛 매니큐어 칠을 했지.
그러고는 내 벌거벗은 몸뚱어리를
사정없이 할퀴고 찌르게 했지, 뚝뚝
떨어지는 검붉은 피 아름다운 피 달콤한
피, 피, 피.
나는 네 손톱으로 내 모가지를 찔러
아름답게 죽을 수 있게 되기를 바랐지

(1984)

자유를 잃어 차라리 늠름한 어느 노예에게

차라리 노예라면 얼마나 좋으랴
혀 잘려져 입 막힌 벙어리 노예,
생각조차 할 수 없는 백치 노예라면 또 얼마나 좋으랴.

오히려 절망 못하여 찐득이는 이 목숨,
제미처 차마 못 죽는 겁 많은 이 목숨,
쇠사슬 칭칭 감겨 희망, 자유, 잊을 수만 있다면!

피떡앉은 알몸뚱인 적에게 맡겨 버려
훨훨훨 빨가벗겨 적에게 맡겨 버려
한치 미움 없이 적에게 맡겨 버려

날선 채찍 아래 저며진 살점들은
막 자른 생선 토막, 싱싱한 펄떡임으로
갈래갈래 허공 향해 우우우 포효를 하고,

사랑은 몰라, 죽음도 몰라, 세월도 몰라
다만, 두 눈 속 깊이 감춘 저주스런 생명의 빛뿐!
억년 업보 두렵지 않은 저 생명의 빛뿐!

차라리 노예라면 얼마나 좋으랴
어느 때 내리쳐진 의미 없는 칼날 아래
핏덩이 콸콸콸 사방으로 솟구쳐
내 갑자기 죽을 수만 있다면 얼마나 좋으랴.

(1977)

그네

나는 그네를 탔다
허공중에 매달려 있는 그네,
두 손을 하늘 높이 쳐들어
밧줄 양쪽을 잡고
늘어뜨려진 발판을 지탱해야 하는
이상한 그네
발판에 걸친 내 엉덩이의 무게보다
더 기운 센 버팀줄이 되기 위해
내 두 팔은 자꾸 하늘로 올라간다
저 구름에, 바람에, 태양에
별에
튼튼히 튼튼히 그넷줄을 매기 위해
안간힘을 쓰니까
그네는 내 체중을 모르는 채
자꾸자꾸 하늘로 치켜 올라갔다
두 팔을 계속 뻗치고만 있어 힘들지만
하늘로 솟구쳐 오르는 것이 재미있어
나는 자꾸자꾸
허공중에서

그네를 탔다

(1984)

장자사(莊子死)

한번으로 끝내 버릴 수 있다면 얼마나 좋겠니
꿈이 뭔지 죽음이 뭔지 나는 몰라
입담 속에 섞여 있는 그윽한 전율
생활 속의 다만 한 가닥 전율
그 설레이는 희극에의 충동이
나를 꿈속으로 이끌어들였을 뿐.
철학이 종교가 자연이 자유가
내게 새삼 무슨 힘이 돼?
자유도 욕심, 초월도 욕심
결국은 달관도 욕심
체념도 욕심,
그저 순간순간의 목숨만이
나를 이끌고 다녔을 뿐.
나는 불쌍해지고 싶지 않았어
평범해지고 싶지 않았어
그저 안주하고 싶었지 여유 있고 싶었지
그러나 지금은 역시 모든 게 다 평범하군,
나까지도 영원까지도 명예까지도.
한번으로 끝내버릴 수 있다면 얼마나 좋겠니

또 다른 삶이, 또 다른 죽음이
나를 기다려 주지만 않는다면 얼마나 좋겠니
……얼마나 좋겠니.

(1977)

죽음에 대하여

아이들 둘이 잠자리에 나란히 누워 있었다.
둘은 누가 먼저 잠이 드나 내기를 하기로 했다.
잠시 후 첫 번째 아이가 말했다.
— 나 잠들었어.
두 번째 아이는 피식 웃으며 대답했다.
— 잠든 사람이 어떻게 말을 하니?

조금 있다가 두 번째 아이가 말했다.
— 나 잠들었어.
첫 번째 아이가 피식 웃으며 대답했다.
— 잠든 사람이 어떻게 말을 하니?

한참 뒤에 다시 첫 번째 아이가 말했다.
— 나 잠들었어.
두 번째 아이가 대답했다.
— 잠든 사람이 말을 해?

한참 있다가 두 번째 아이가 말했다.
— 나 잠들었어.

첫 번째 아이가 대답했다.
― 잠든 사람이 말을 해?

다시 얼마쯤 있다가 첫 번째 아이가 말했다.
― 나 잠들었어.
두 번째 아이가 희미한 목소리로 대답했다.
― 잠든 사람이 어떻게 말을 해?

또다시 얼마 후 두 번째 아이가 말했다.
― 나 잠들었어.
첫 번째 아이가 희미하게 대답했다.
― 잠든 사람이 어떻게 말을 해?

(1966)

빨가벗기

빨가벗고 살고 싶군, 모든 것 훨훨훨 벗어 던지고
홀가분하게 살고 싶군
자유도 싫군, 희망도 싫군, 입는 것은 다 싫군

언젠가 팔자에 없는 호텔 신세를 지게 되었을 때
무궁화가 다섯 개나 붙은 일류 호텔서 자게 되었을 때
난방장치가 너무 잘되어, 난 결국
홀딱 벗고 있을 수밖에 없었어
영하 15도가 넘는 겨울인데도 춥지가 않았어
빨가벗고도 덥기만 했어
오들오들 떨면서 지나가는 거리의 사람들이
참 재미있었어
은근히 불쌍하게 보였어

참 그렇군, 옛날 궁중에선 궁녀들에게
목욕도 못하게 했다지, 빨가벗으면 성욕이 일어난다고
평생 옷을 못 벗게 했다지
빨가벗고 목욕하는 것은
왕이 예뻐하는 여자들의 특권이었다지

그래그래, 빨가벗으면 확실히 본능이 꿈틀거려
부자연스럽지도 않아, 신비스럽게 자유로워
내 빈약한 육체조차도 대견스러워 보여 날아갈 것 같아

하지만 내 집은 너무 춥지
빨가벗고 살기엔 너무 추워
이불 속에 들어가도 추워, 북향 한옥이라 외풍이 많아
혼자서라도 빨가벗고 있고 싶어도
벗을 수가 없어, 감기 걸리기 딱 맞아

아무튼 빨가벗고 싶군, 그래서 홀가분해지고 싶군
상식도 역사도 사랑도 벗어 버리고 싶군
그러려면 집이 좋아야 해 난방장치가 최고라야 해
돈이 있어야 해

돈을 벌어야겠군 빨가벗고 살고 싶어서라도
돈을 많이 벌어야겠군
우선은 있는 옷 없는 옷 죄다 줏어 입고
평화도 윤리도 모두 줏어 입고

돈을 벌어야겠군

(1979)

배꼽에

아담과 이브가 이루어 논 죄악의 자죽,
얼마나 넌 징그럽게 엉켜 있느냐
사람의 혁명이냐 배암의 혁명이냐 하늘의 혁명이냐

사막같이 허허(虛虛)한 가슴 위에서
너는 재치있게 솟아난 한줄기 샘물,
하기사 너로 하여 비너스는 더욱 완전해졌으리라

네 속 깊숙이 새어나오는 붉은 태아의 신음소리,
지금껏 스미는 그 처절한 살내음,
아아 억만년 우리 업보(業報)를 이루게 한 것.

신비스런 저주의 샘, 생명의 샘, 고통의 샘,
에덴에서 아담을 탈출시킨 자유의 자죽!

아름다운 속박이냐 소란스런 희망이냐
푸른 핏줄 엉겨 붙어 한층 슬프게 요요(夭夭)한
— 너 외로운 배꼽이여.

(1977)

낭만적

낭만적으로
술을 마시려 하니
배가 아프다

낭만적으로
담배를 피우려 하니
그 황홀한 연기 속에 묻혀
근사한 고독을 즐겨 보려 하니
목이 아프다

낭만적으로
사색에 잠겨 보려 하니
그래서 은은한 관조를 배워 보려 하니
근 삼 년째 계속되는
치신경통(齒神經痛)으로
머리가 신경질나게 쑤시다

낭만적으로
사랑을 해보려 하니

정력에 자신이 없다

그럼 섹스는 못하더라도
낭만적으로
키스라도 해보고 싶은 생각이
굴뚝같지만
숭덩숭덩 빠진 이빨이 창피해서
못하겠다

(1980)

천국과 지옥

천국과 지옥이 정말로 있는지 없는지 알지 못하겠습니다.
하지만, 만약 죽은 뒤 무엇이 있다면
그건 천국뿐이 아닐까 싶어요.
어렸을 적, 나는 단테의 〈신곡〉 이야기를 듣고 잠을 못 잤어요.
불길이 타오르는 지옥의 처참한 광경에 몸을 떨었습니다.
그리고 실수로라도 죄를 짓게 될까 봐 안절부절 못했습니다.
그리고 제발 저를 천국으로 보내 줍시사고
하나님 아버지께 열심히 기도를 드렸지요.

그런데, 나도 이젠 다 자라 어른이 되고 보니
하나님 아버지가 무섭지가 않습니다.
생각해 보세요, 하나님은 우리 아버지가 아니에요?
자식이 여럿 있는 아버지가 있다고 합시다.
어떤 자식은 철이 들어 아버지께 효도를 하고
어떤 자식은 삶을 증오하여 아버지께 핑계를 댑니다.
"아버지, 왜 날 낳으셨나요?" 하며 아버지를 미워해요.
그런데 그 자식을 미워하여
"이놈 자식, 죽여 버려야지" 하고 마음먹는 아버지가 어디 있겠어요?

어찌 생각하면 그 아들 말도 옳기는 옳지요.
사실 우리가 이 세상에 나오고 싶어 나온 것은 아니거든요.
헌데 아버지까지 무서워할 필요가 어디 있겠어요?

그러니까 지옥은 없어요, 천국만 있지요.
이렇게 생각하면 참 살아가기가 편합니다.
굳이 착하게 살려고 애쓸 필요가 없다는 생각이 듭니다.
죽은 다음에 받을 심판은 없어요.
하나님 아버지 앞엔 악한 사람도 착한 사람도 없습니다.
어차피 부자지간으로 뭉쳐진 몸인데
"아버지, 아버지" 찾아댈 필요도 없지요.
아버지한텐 다 귀여운 자식일걸요 뭘.
그래서 나는 지옥 걱정 없이 이럭저럭 태평하게 지냅니다.
죽은 다음엔 천국밖에 없어요.
태어나서 살아가기가 이다지 힘에 겨운데,
지옥까지 있다면 그건 너무하지 않겠어요?

(1979)

겁(怯)

일어나라, 일어나라,
이제 곧 시장터의 악다구니가 다가온다.
잠시 조용해 보였던 도회(都會)의 새벽은 지나고
광기(狂氣)처럼 순수했던 철부지 청춘도 지나고
처세술이 둥둥 떠다니는 명절날의 하늘 같은
도시의 시끄러운 정오가 달려든다.
하루 24시간, 우리들을 지탱해 주는 것은
다름 아닌 '생활'이다.
네 삼촌의 토정비결 같은,
네 사촌의 토정비결 같은,
네 사돈의 팔촌의 토정비결 같은, 그런 '생활'이다.
일어나라, 일어나라,
네 에미를 위해, 네 애비를 위해, 효도를 위해
마누라를 위해, 자식들을 위해
나라를 위해, 민족과 역사를 위해
도덕을 위해, 윤리를 위해, 상식을 위해
정신없이 일어나라, 그리고 뛰어라.
저녁의 한줌 안식을 위해, 평화를 위해
죽음을 잊어버리기 위해

너를 잃어버리기 위해.

(1977)

십자가의 예수가 죽음을 내다보며

나는 안다, 이제 곧 나의 죽음을 맞게 될 것을,
나와 싸우는 자를 내 미워하지 않고,
목숨으로 나를 지켜 따르는 자를 내 사랑하지 않노라.
내 고향은 나사렛 작고 초라한 마을이요,
내 고향 사람들은 나사렛의 가난한 사람들,
어떤 일이 있어도 그들에게 더 끼칠 손해가 없고
어떤 일이 있어도 그들에게 더할 행복이 없는 것을.
어떤 기도가, 어떤 희망이,
군중들의 갈채가, 여인들의 사랑이,
이제 내게 새삼 무슨 힘이 되랴.
다만 환희의 충동이, 이 설레이는
설레이는 대기(大氣) 속에 나를 밀어 올렸을 뿐…….
나는 모든 것을 생각하고 재어 보았노라.
이 삶, 이 죽음과 맞비겨 볼 때,
앞으로 올 세월도 지나간 세월도
모두가 다만 호흡의 낭비로만 보였노라.

(1983)

개처럼 사랑하고 싶다

개처럼 사랑하고 싶다. 개는 언제 어디서나 가리지 않고 사랑을 나눈다. 번거로운 절차도, 체면도 없다. 사람들처럼 엉큼스럽게 사면이 벽으로 막힌 곳에서만 사랑을 하는 것이 아니다. 큰 한길에서도 개는 누가 보든 말든, 순수한 정열로 사랑을 나눈다. 아무런 스스럼이 없다. 전혀 부끄러워하지도 않는다. 그 티 없이 순진한 개의 눈빛, 사랑이 가득 담긴 부드러운 혀놀림. 기분이 좋을 때는 언제나 꼬리를 흔들어대는 그 솔직성. 나도 개처럼 정직하게 사랑을 나누고 싶다. 빨가벗고 사랑을 나누고 싶다.

(1982)

황제와 나

나는 나의 아잇적 방을 생각합니다.
푸른빛 휘장 사이로는 매일을 꿈의 선녀들이
넘나들었고
나는 백합꽃, 튤립꽃의 향내를 처음 맡아 보는 소년처럼
언제나 동화 속에서 행복했습니다.
언제나 나를 즐겁게 해주던 동화 속의
왕자님과 공주님의 의미를 나는 그때는 몰랐습니다.
신데렐라를 찾아가던 왕자님, 그리고 백마를 타고 백설공주를 만나러 가던
왕자님의 늠름한 모습에
나는 매일 밤을 흥분 속에서 보냈습니다.
그리고 이 세상 모든 사람들이 모두 왕자님과 공주님 같아 보였습니다.
그것도 아주 착한 왕자님과 공주님같이.
해가 바뀌어 갈수록 나는
동화 속의 세계, 꿈의 세계에서 벗어나
이 세상 모든 사람이 다 왕자님과 공주님이 되기에는
나라들이 많지가 못하다는 것을 알게 되었습니다.
그리고 거울 속에 비치는 나의 초라한 모습은,

정말 왕자님의 그것은 아니었구요.

요즈음, 다 자란 것 같은 요즘에도
나는 매일 밤 왕자님 꿈을 꿉니다.
그런데, 요즘 보이는 것은 어렸을 때 보았던
어린 왕자님들이 아니에요, 모두들 나이를 먹어
이미 진짜 왕들이 되어 있는 왕자님들입니다.
아니, 그네들은 모두가 어쩌면
황제님들인지도 모르겠습니다.
요즘의 꿈에 보이는 황제들은, 영화에서나 본
진시황이나 네로황제와 많이 닮았어요.
양손엔 벌거벗은 미녀들을 끼고 앉아, 호탕스럽게 웃으면서,
벌벌 떨고 있는 백성들을
게슴츠레한 눈으로 재미난 듯 보고 있습니다.
많은 시녀들은 갖은 아양을 떨어가며 황제님을 즐겁게 합니다.
꿈을 꾸고 난 다음, 나는 야릇한 흥분에 사로잡힙니다. 그리고
나중엔 어떻게 되더라도, 백성들이 들고 일어나 망하는 일이 있더라도
한번 그런 폭군 황제가 되고 싶어집니다.

미녀들을 안고 싶어집니다.
갑자기, 어리고 싱싱하기만 하던 왕자님들,
동화 속에서나 보던 왕자님들이 우스워집니다.
정말, 이 세상에 그런 착한 왕자님들은 없습니다.
매일 밤 황제의 꿈을 꾸면,
나는 내가 귀족도 못 되는, 초라한 평민인 것이 보기 싫습니다.
아아, 왠지 꿈속에서나마
나는 매일매일 황제가 되고 싶습니다.

(1972)

7월 장마

장마 가운데 내리고 싶다.
내 가슴속 엉긴 핏덩이
좔좔좔 좔좔좔 씻어 내리고 싶다.

무엇이 두려우냐 무엇이 서러우냐
뒤섞여 흘러가는 저 물 속에
네 고독이 오히려 자유롭지 않으냐

아아, 못생긴 이 희망, 못생긴 이 절망
밤새워 뒤척이는 숨가쁜 꿈, 꿈들,
빗줄기 속으로 씻겨져 내렸으면!

긴긴 밤 보채대는 끈끈한 이 사랑,
제미처 죽지 못해 미적이는 이 목숨,
우우우 우우우 부서져 흘렀으면!

장마 가운데 내리고 싶다.
내 껍질 모두 다 훨훨훨 빨가벗겨
빗줄기에 알몸으로 녹아들고 싶다.

(1978)

대학

살아가기가 하 어렵고 어수선하다 보니
우물 안 개구리들을 부러워하는 세상이 되었다

바깥 세상에 아무리 큰 바람이 불고 눈보라가 쳐도
우물 안은 언제나 포근하다 평화와 안식이 있다

우물 안 개구리들은
그 안에서 사는 게 너무나 자랑스러워
하루 종일 시끄럽게 떠들며 설쳐댄다
개굴 개굴 개굴 개굴 개굴

악마구리처럼 떠들어대는 소리는
우물 밖 세상으로 우렁차게 퍼져 간다
그 소리엔 고생이 없어서 고상하다
궁상맞지 않다

우물 밖 개구리들은
오늘도 우물 안으로 가고 싶어
고개를 길게 빼고

시끄럽게 보채 가며 운다
개굴 개굴 개굴 개굴 개굴

(1978)

거꾸로 본 세상은 아름답다

참 이상해요,
바짓가랑이 속엔 이상한 나라가 있어요.

모든 것이 달라요.
하늘은 더 파랗고
나무들도 집들도
모두 다 더 예뻐요.

무심코 머리 숙여
바지 사이를 들여다보곤
여기가 어딘가 하고 깜짝 놀랐죠.

바짓가랑이 속 나라엔
흰 집도 없어요, 검은 집도 없어요.
모두 다 하늘의 푸른 호수 속에 잠겨
푸른 물 뚝뚝 흐르는
파아란 하늘빛이에요.

영이도 순이도 모두 예쁘고

우는 아이, 골난 아이
심술꾸러기 아이도 없어요.
모두들 벙글벙글 웃는 낯이에요.

나무들도, 집들도,
모두 다 거꾸로 서 있어도
그래도 내가 사는 마을보다 훨씬 더 예뻐요.

아, 그래요, 정말
거꾸로인 것은 모두가 아름다운가 봐요.

참 이상하네요,
바짓가랑이 속엔 정말정말
이상한 나라가 있어요.

(1971)

석조전(石造殿)

　　임금님이 사시던 덕수궁엘 감히 들어와
　　때묻은 동전 몇 푼 내고 무엄하게 들어와
　　석조전 앞에 서면
　　나는 내 기분을 주체할 수 없다.
　　우선 저 동양과 서양의 을씨년스런 배합도 그렇지만
　　특히나 석조전은 서양의 고대풍(古代風)을 닮은 순(純) 돌집인 까닭에 아무래도
　　고대 로마의 노예제도 생각이 울컥 나서
　　주제넘게도 노동자들이 불쌍해진다.

　　아름다움이 꼭 진리일까, 일꾼들은 석조전의 아름다움을 음미해 가며
　　그 돌집을 지었을까
　　제법 민주적 지성인인 체하는 나는
　　이 야릇한 흥미를 어떻게 처리해야 할까
　　석조전의 흰 돌들을 보면 또 이런 생각도 든다 가령
　　흰 갈매기나 백조가 순백(純白)의 피부를 자랑하며
　　아름답게 살아가기 위해선
　　작은 물고기들을 수없이 잡아먹어야 한다.

(가끔 고기의 핏방울들이 그 고상한 흰털 위에 묻을지도 몰라)
하긴 나도 훌륭한 민주시민이 되기 위해선
식물이건 동물이건 계속 잡아먹어야 하지
때론 사람까지도 자유까지도

역사(歷史)와 역사(役事)의 관계도 그렇다 예를 들어
만리장성의 역사(役事)가 중국의 역사(歷史)와 위신을
한껏 높여 주었다 그렇지만
그걸 짓느라고 참 많이들 죽었다
역사(歷史)가 위냐 역사(役事)가 위냐
그러나 역시 나는 석조전 앞뜰이 내 집 정원쯤이라면 참 좋겠다.
내가 그 안에 사는 왕이라면 더욱 좋겠다.
그렇다면 석조전을 보며 느끼는 이 민주주의식 울분은 뭐냐
질투냐
동정이냐
양심이냐

나는 모른다 모른다 모른다.

(1977)

망나니의 노래

떨어져 내리는 것은 너만이 아니다.
긴 한낮 하늘을 비집던 태양,
제미처 바다에 못 가 미쳐 버린 폭포,
모든 게 운명처럼 떨어져 내리나니

아, 어찌 모든 것들은 떨어져 가야만 하는 것이냐
시간의 힘은 이리 무섭기만 한 것이냐

어쩔 수 없이 울긋불긋 휘황한 치장을 하고
내 한껏 신명나게 칼을 휘둘러대면
칼끝은 본능처럼 선 그어 떨어져 내린다.

― 늠름하던 네 모가지는 어찌 그리도 힘없이 떨어져버리는 거냐

내 마음 난파당한 어느 쇠배마냥
스스로 무거움겨워 가라앉아 버렸나니
나를 휘감는 건 죽음 같은 고독일 뿐.

네 목을 찾지 마라, 날 욕하지 마라.

억겁 이전 인연으로 우리는 만났거니
죽이는 것도, 죽는 것도 단 한번뿐
짧은 생, 우리 업보를 누가 막으랴.

그래도 우리는 소매 끝 인연보다
피 엉겨 다붙은 친구 되어 만났으니
천 년, 만 년 뒤 저 세상에서
우리, 껄껄 웃으며 합하게 될지 그 뉘 알리?

(1977)

가을 산제(山祭)

귀신들 소리마저 아예 슬프니
벌써 가을인가?
해가 저물면 귀신들이 온다
내 사랑스런 귀신들의 모습은
말, 나무, 혹은 바위.
나의 전생(前生)은 말
전생의 전생은 나무
전생의 전생의 전생은 바위.
모두들 외로운 몸짓으로 한데 어우러져
피 뿌려 한스러이 춤을 춘다.
북을 치라, 징을 치라,
긴 밤 밝히는 저 달의 음탕한 웃음,
무덤가 도깨비불은 그 또한 제격의 흥취!
아, 누군가? 하늘만한 사랑으로 이 내 몸 감싸 줄 그 이?
가을은 깊어, 모든 것들은 죽어져 내려
하늘도 땅도 죽어져 내려
나는 공연히 느껴워 쓸쓸한 시를 외고
제풀에 취하여 쓰러져 누워
원귀(冤鬼)된 꿈을 꾸고 꺼이꺼이 울었나니

이 밤, 또 어디로 가려는가, 외로운 내 혼이여!

(1979)

사랑하는 이여, 난 당신 손톱이 좋았지

사랑하는 이여, 난 당신 손톱이 좋았지
길고 뾰족하게 기른 그 손톱이 좋았어
빨간 색 매니큐어라 더욱 좋았어

당신 손톱에선 피냄새가 났지
고대 로마의 배 밑창에서 노를 젓는 노예
노예의 등에 내리친 사정없는 채찍에
후두둑 살점 갈라지며 터져 나오는 피
그 시원한 피냄새가 났지

또는, 아방궁 속 깊숙이 들어앉아
벌벌 떨고 있는 불쌍한 백성들을
게슴츠레한 눈으로 재미나게 바라보는
술 취한 진시황의 그 붉은 눈빛
탐욕스레 웃음 흘리던 그 붉은 입술
그것도 생각났지

난 당신이 날카로운 손톱 끝으로
내 몸을 쓰다듬어 줄 때가 제일 좋았어
따끔따끔 살속으로 파고들어 오는 그 아픔의 맛이

그렇게도 황홀했어
이상하지? 노예처럼 마구 손톱에 찔렸는데도
난 꼭 왕이라도 된 듯한 기분이었어

아직도 난 그 괴상한 쾌감의 정체를 몰라
참 그렇군, 옛날 중국에선
왕이나 귀족들은 남자도 손톱을 길렀다지
손톱이 긴 건 일을 안 해도 먹고 살 수 있다는 표시였다지

그렇군, 난 당신 손톱을 보면 우리가 마치 귀족처럼 보였어
하지만 당신은 참 고생했지
철없는 나를 위해 손톱을 기르느라고 참 고생했어
일하다가 가끔 손톱이 부러지기도 했지
그러나 역시 당신 손가락은 귀족처럼 희고 가늘었어
부자는 아니라도 당신은 손톱을 기를 만 했어

아아, 손톱, 손톱. 이런 손톱도 있을 걸
밤거리 여인들이 직업상 할 수 없이 바르는 싸구려 매니큐어
막노동하는 여인의 손끝에 칠해진 싸구려 매니큐어

일로 퉁퉁 부은, 어느 월급쟁이 마누라의 손끝에 칠해진
가련한 매니큐어

아니, 아니, 이런 불길한 생각은 할 필요가 없지
언젠가 우린 정말 귀족이 될 거야 잘살게 될 거야
당신은 손끝에 물 하나 안 묻히고 사람들을 부리게 될 거야
모든 게 다 잘될 거야, 우린 젊으니까
우리는 손이라도 희니깐
귀골이니까

사랑하는 이여, 난 당신 손톱이 정말 좋았지
당신 손톱을 보면 희망이 생겼지
난 당신 손톱에 자주 키스했어
그러면 내겐, 잠시나마 귀족 같은 흥분이 왔어

(1978)

6.

인생은 즐거워

첫눈에 반할 때

그녀와 처음 만나는 순간
술 마신 뒤의 나른함 같은 기분을 느꼈다

5분 후

온몸이 저릿저릿해졌다
(소름 돋음)
약간 흥분된 상태

"나는 그대의 장난감이 될래"
"나는 그대의 강아지도 될래"
수없이 마음속으로 다짐해 보았지만
결국 나중에는
그만 피곤해졌다

꼭 한바탕 섹스 후의 달짝지근하면서도 괴로운 권태와도 같은
귀찮은 피곤함이 엄습해 왔다

(1989)

물과 불

　　불같은 정열로 당신에게 달려들었습니다만
　　당신은 너무나 차가운 물이었습니다.
　　당신을 100도까지 끓게 만들 자신이 있어 나의 온 청춘을 불살랐습니다만
　　당신이 겨우 30도쯤 되었을 때
　　나는 그만 벌써 지치고 말았습니다.
　　그리고 난 형편없이 늙어 버리고 말았지요.
　　그러자 당신을 눈독들이던 어떤 사람이 어느새 냉큼 달려들어
　　당신을 100도가 되게 끓여 놓더군요.
　　일단 데워진 물을 완전히 끓게 만드는 것은 그리 어렵지 않지요.
　　마치 그 육중한 무게 때문에 꿈쩍도 않을 것 같은 기차도
　　일단 한번 굴러가기 시작하면 아주 쉽게 미끄러져 나가듯이 말입니다.
　　누군지 그 사내는 운 좋은 사람, 행복한 사람입니다.
　　무정한 당신, 얄미운 당신!
　　나는 당신이 그 사내와 함께 사랑의 열탕(熱湯) 속에서
　　희희낙락 노니는 것을 쓸쓸히 바라볼 뿐입니다.
　　하지만 나는 죽고 싶을 만큼 슬프지만은 않아요.
　　나도 이젠 철이 들어

물과 불의 영원한 만남이란 없다는 것, 결국
물이 불꽃을 죽여 버리고 만다는 것을 알게 된 때문이지요.
당신의 그 차가운 냉기(冷氣) 때문에 결국은 죽어 버릴
그 사내는 참 불쌍한 사람입니다.
미리 지쳐 버린 덕분에 나는 살았습니다.

(1988)

사랑도 권태

　　간혹 가다가 우리들이 사는 이 세상은
　　무척이나 아름답게 보일 때가 있습니다.
　　그럴 때면 당신은 이렇게 말합니다.
　　— 무척이나 행복해요.
　　그러면 나는 즐겁게 고개를 끄떡여 줍니다.

　　간혹 가다가 우리들이 사는 이 세상은
　　무척이나 불행스럽게 보일 때가 있습니다.
　　그때 당신은 이렇게 말합니다.
　　— 곧 이 따위 불행은 사라져 버리겠죠?
　　그러면 나는 역시, 약간의 한숨을 쉬며
　　고개를 끄떡여 줍니다.

　　또 가끔 이 세상은 너무 평범해서
　　지루해 보일 때가 있습니다.
　　그럴 때면 당신은 이렇게 말합니다.
　　　— 이렇게 단조로운 것이 좋아요. 이런 평범한 행복이 언제까지나
　　계속되었으면 좋겠어요
　　　그러면 나는 또다시 빙그레 웃습니다.

이렇게 우리들은 세월을 흘려보내면서 늙어갑니다.

몇 십 년 후, 당신의 머리가 백발로 변할 즈음에 당신은 말할 것입니다.

— 참, 우리는 그래도 행복했어요. 그죠?

그러면 나는 역시 약간의 한숨을 쉬며,

— 그럼.

하고 대답할 것입니다.

(1969)

인간?

언젠가부터 내 눈에는
여러 가지 싱싱한 생선 요리들이
맛있는 음식으로서가 아니라
비참하고 끔찍한 시체들로 보이기 시작하였다
생긴 것이 사람과 달라서 그렇지
그것은 틀림없이 불쌍한 시체
더구나 사람과 아주 비슷하게 생긴
통닭 요리나 돼지머리 고기 같은 것을 보면
그것은 더욱 비참한 시체로 보인다
인간은 너무나 흉악하고 잔인한 동물
만물의 영장도 무엇도 아니다
살아 있는 새우를 튀겨 먹는다든가
꿈틀대는 낙지나 장어를 칼로 토막내어
아작아작 씹어 먹는다든가
미꾸라지를 산 채로 두부와 함께 끓이다가
미꾸라지들이 뜨거움을 견디다 못해
두부 속으로 파고들어 결국 죽어 버린 것을
맛있다고 게걸스럽게 먹는 사람들이
나는 죽이고 싶도록 밉다

만약에 미꾸라지가 자기라고 생각해 봐,
어떻게 그렇게 태연히 먹을 수가 있겠어?
살아 있는 개를 몽둥이로 때려 죽여 보신탕을 끓여 먹으며
"역시 개는 이렇게 천천히 때려잡아야 고기가 연하거든"
하는 사람들도 밉다
낚시질을 무슨 도(道)라도 되는 것처럼 선전해대는 사람들은 더욱
더 밉다
피를 철철 흘리며 죽어가는 물고기를 낚아 올리는 것이
어떻게 도(道)요 고상한 취미가 될 수 있단 말인가?
상징으로든, 비유로든, 휴머니즘으로든
살생을 합리화하는 것은 나쁘다
인간은 너무나 이기적인 동물
너무나 너무나 잔인한 동물
언젠가 한번 되게 당해 봐야만 정신이 번쩍 들
정말 한심하고 추악한 동물

(1982)

게으름 병(病)

텅 빈 방에 혼자 누워 있으면
내 사지(四肢)들이 흩어져 가는 게 보여요
팔은 팔, 다리는 다리대로
손은 손, 발은 발대로
몸뚱이는 조각조각 갈라져 내 앞을 지나가요.

이상해요, 몸뚱이가 맘대로 흩어져 버려도
내가 그것들을 불러 모을 수 없다는 것은,
또 몸뚱이 없는 머리 혼자서도
이렁저렁 생각에 잠길 수 있다는 것은.

두 눈조차 빈 허공을 날아가
방안을 빙빙 돌며, 눈 없는 내 머리를 바라다봐요.
흩어진 살조각들을 물끄러미 바라다봐요.

참 이상하네요, 내
머리는 몸뚱이 없어도 슬프지도 않아요.
외롭지도 않아요.
사랑도 싫어요, 자유도 싫어요, 희망도 싫어요

그저그저
졸립기만 해요, 가라앉고 싶기만 해요, 둥둥 떠
날아가고 싶기만 해요.

(1977)

죽음 연습
— 막달라 마리아의 말

당신 가신 후, 당신 없이 나 혼자서 아기를 낳을 때,
나는 너무 아파서 이것이 바로 당신이 당하신 죽음의 고통이구나 하고 생각했습니다.
아픔이 극도에 다다라 나는 그만 기절해 버리고 말았어요.
그러니까 완전히 죽은 것이지요.
그런데 한참 뒤, 나는 어쩐 일인지 다시 살아났습니다.
내 곁에는 새 생명체가 누워 있었구요.
그때 나는 문득 이런 생각을 했습니다.
우리의 인생도 이런 것이 아닌가 하구요.
세상살이란 정말 괴로운 일입니다.
하지만 이것을 조금 긴 해산의 고통으로 생각할 수도 있지 않을까요?
그렇다면 죽음은 그 진통이 끝난 뒤 홀연히 새로 태어나는 생명을 뜻합니다.
그러니까 우리가 지나치게 죽음을 두려워하지 않아도 된다는 생각이 들어요.
모든 것은 죽어야만 새로 태어날 수 있어요.
아아, 죽음은 새로운 탄생입니다.
당신은 죽었기에 다시 살아나셨습니다.

(1981)

마음

나의 눈동자는 너무나 좁아
넓은 하늘 모두를
들여놓을 수 없다.
하늘은
조각조각 갈라져,
그 가운데 하나만이
나의 눈동자 곁을 지나간다.
때로는 구름을,
때로는 조그마한 태양을 동반한 채,
하늘은 내 눈동자 밖을
배앵뱅 돌며
언제나 한심스런 얼굴로
물끄러미 나를 바라본다.

(1969)

원반던지기의 인상

— 원반은 드디어 하늘로 들어 올려졌다…… 하늘 위에는 구름이 날았고, 파닥이는 의식으로 하여 하늘은 새의 울음을 울었다. 부풀어 오르는 대기(大氣)는 스며드는 자유를 붙잡았다.

— 사람들은 계속되는 신의 음성에 피곤하였었다.……억만년 머언 개벽의 아침부터 막혀 있던 샘물은 이제금 다시 터져 우렁찬 목소리로 흘러내리기 시작했다. 사람들은 하늘 그 너머로 떠들썩한 희망의 문을 밀어 올리며, 새로운 내일을 가교(架橋)해 나가기 시작하였다.

원반을 들어 올린 사람들의 팔뚝 사이로 고대 에게해(海)의 기운이 다시금 솟아올랐다! …… 뻗어가는 생명의 빛으로 하여 맥박은 펄떡였다.

— 계속 원반은 날아올랐다! …… 태양에 가까워져 보려는 습성으로! 온갖 주위의 사물들도 날아올랐다. 제 자신에, 꿈과 현실의 틈바구니에서 지쳐 버린 본능에, 그리고 자존심 섞인 의지에! 열정은 숨가쁘게 대지 사이로 퍼져 간다. 온 세계의 광장들, 빌딩들, 고목(枯木)들은 서서히 움직거려 고무풍선처럼 부풀어 오른다. 고독한 사람

들의 눈은 대지(大地) 이상의 감미로운 안도감으로 빛나기 시작한다.

  영겁의 끝을 오가던 사람들은 마음속 깊은 곳으로부터 흘러나오는 듯한 기도의 소리를 듣는다. ……생명은 사람들 사이에 눈부실 만큼의 무게로 파고들었다.

(1968)

동경

　내가 아주 어렸을 때, 우리 동네 어귀엔 한 늙수그레하게 생긴 아저씨가 길가에서 도장을 파고 있었다. 조그마한 의자 하나와 찌그러져 가는 탁자 위엔 깨어진 진열장이 있었고, 그 속에는 갖가지 도장 파는 기구들, 고무판대기라든가 칼, 박달나무 조각들이 널려 있었다. 아저씨는 매일같이 도장을 팠다. 딱딱한 나무 위에 꼬불꼬불한 글자가 아저씨의 손에 의해서 파여지는 것이 내게는 여간 신기한 것이 아니었다. 아저씨의 손끝이 움직일 때마다 호기심에 가득 찬 나의 눈은 항상 아저씨의 재빠른 손끝을 따라갔다. 나는 매일같이 아저씨가 도장 파는 곳에 들렀고 몇 시간씩이나 그것을 들여다보았다. 아무리 보고 있어도 나는 조금도 싫증이 나지 않았다. 어쩌면 저렇게 아무렇게나 칼을 놀리는 것 같은데도 그토록 멋진 글씨가 파여지는 것일까. 나는 아저씨가 보통사람이 아닌 것만 같은 생각이 들었다. 아저씨는 그저 열심히 매일같이 도장만 파고 있었다. 내가 옆에서 그렇게 오랫동안 지켜보고 있는데도 아저씨는 눈길을 주지 않았다. 참 아저씨는 말이 적었다. 도장을 팔 때 번쩍이는 아저씨의 구수한 눈동자가 좋았다.
　몇 달을 이렇게 나는 아저씨의 도장 파는 곳 옆에 붙어서 지냈다. 나는 참 심심했기 때문에 그런 것을 볼 수 있다는 것이 아주 행복하였다. 처음에는 그냥 묵묵히 도장만 파고 있던 아저씨도 내가 그렇게 오랫동안 자기 곁을 떠나지 않고 있는 것을 알자, 나를 이상한 눈길로 보기 시작하였다. 그리고 가끔 계면쩍어했다. 하지만 말은 그리 없었다. 그러나 어느 날 갑자기, 아저씨는 참을 수 없다는 듯, 나를 사랑스러운 눈길로 쳐다보며, 동정이 담긴 말투로 나에게 물었다.

"얘, 너의 어머니 돌아가셨니?"

나는 얼굴이 새빨개졌다. 우리 어머니는 멀쩡하게 살아 계세요, 하고 말하고 싶었지만 그 말이 입 밖으로 나오지 않았다. 나는 얼굴이 빨개진 채로 그냥 뛰어서 집으로 왔다.

(1971)

미(美)에 대하여

거꾸로인 것은 모두 아름답다. 고개 숙여 바짓가랑이 사이로 내다본 이 세상은 신기하리만치 아름다웠다. 나무들도 더 파랗고, 여인들도 다 예쁘다. 참 이상하다. 거꾸로인 세상은 너무나 아름답다.

짝짝이인 것은 모두 아름답다. 사팔뜨기 여인의 눈은 섹시하다. 좌우의 길이가 다르게 커트한 '언밸런스 스타일'의 머리도 섹시하다. 손톱마다 다른 색깔의 매니큐어를 바른 여인, 특히 새끼손톱이나 엄지손톱을 다른 손톱보다 유난히 길게 기른 여인의 손도 섹시하다. 귀걸이를 한쪽만 달거나, 양쪽 귀에 서로 대조적으로 다른 모양의 귀걸이를 한 여인도 관능적이다. 왼발과 오른발의 구두를 각각 다른 색으로 신은 여인도 관능적으로 보인다.

뾰족하고 날카로운 것은 모두 다 아름답다. 비수처럼 뾰족한 손톱, 송곳 같은 굽의 하이힐, 날카롭게 뻗은 고양이의 수염, 눈 가장자리로 길게 뻗어나간 푸른색의 아이라인, 등등.

불안하고 아슬아슬한 것은 모두 다 아름답다. 얼기설기 끈으로만 매어져 있어 금방 흘러내릴 것 같아 보이는 비키니 수영복 또는 탱크 탑 스타일의 야회복, 당신이 눈물을 글썽거려 짙디짙은 눈화장이 곧 엉망으로 얼룩져버릴 것만 같은 위기의 순간, 임자 있는 여자와의 데이트, 팬티 없이 바지만 입고 다닐 때의 기분.

불편한 것, 불편해 보이는 것, 아니 일부러 불편하게 한 것은 모두 아름답다. 엄청나게 길게 길러 휘어진 손톱(그녀의 손이 감미로운 권태감으로 불편해 보인다), 무지무지하게 높은 굽의 하이힐, 너무 좁고 꽉 껴 걸어 다니기도 불편할 정도의 초미니 타이트스커트, 팔을 움직이기가 힘들 정도로 무거운 팔찌, 모가지가 기형적으로 가늘고 긴 여인, 그 여인의 목에 꽉 조이게 매어져있어 목을 마음대로 돌릴 수 없을 만큼 무겁고 폭이 넓은 개목걸이, 두 발목 사이를 이어 놓아 불편하지만 우아한 걸음걸이를 도와주는 족쇄 모양의 발찌.

(1989)

진혼사(鎭魂詞)

누군가? 한밤중 백발(白髮) 유령(幽靈)들을 꿈에 보고
길게 열 져 누운 무덤을 괴고 앉아
우리 창생, 슬픈 역사에 홀로 눈물을 짓고
다가올 억년 업보(業報)를 아 하릴없이 두려워함은?

이십년 터수에 마음이 벌써 늙어
궁벽한 부적(符籍)들을 재산인 양 비껴 차고
밤마다 점을 치며 천명(天命)을 어림하여
허망스런 괘효사(卦爻辭)에 웃고 또 울었나니

괴팍스런 말을 엮어 썰렁한 시를 짓고
탁주잔 한 사발에 입술을 쩝쩝이면
무명(無名) 시인(詩人) 이 내 몸도 한동안은 천재(天才)이리.
그래도 이 가슴 스쳐 가는 사랑하는 사람들!

인생은 수유(須臾)거니, 단사(丹砂)빛 꽃 낙화되듯.
무심한 책력(冊曆) 장을 급급히 더듬다가
싸구려 춘화도에 곤(困)한 욕(慾) 풀고 누워
아, 꿈속에 진시황 되어 쓸쓸히 웃었도다.

(1972)

허세

비가 오거나
구름이 끼인 날
태양을 본다.
어느 만큼의 열량으로
그것은 19공탄이나 프로판가스보다
훨씬 더 큰
열을 내고 있는 것일까

날이 맑고 하늘이 푸르면
태양이 어디 갔는지 보이지 않는다.

그저 그것은
커다란 연탄덩어리
혹은
커다란 '프로판가스'

옛날 언젠가엔
아폴로 신의 황금마차를 본 적도
있었다는데

그가 이 세상의 행복과 불행을
지배한 일도 있었다는데
지금
우리들의 눈에는
그저
'프로판가스'

지금 당장
저 태양이 없어져 버린다고 해도
우리들은 눈 하나 깜짝하지 않는다.
촛불
전등
구공탄
석탄가스
프로판가스
석유
원자력
기타 등등의 열기로
거리는 밝게 충만할 수 있고

우리들은 날이 흐리다거나
지나치게 맑다거나 하는
그런 복잡한 절차를
밟지 않아도 되지

비가 오거나
구름이 끼인 날
태양을 본다.

(1967)

일과(日課)

하루는 언제나 두려움이 흐르는 강물,
설레이는 이십사 시간 속에서
이제는 가느다란 선(線) 만큼의 음대(音帶)로
누구 기도를 한다.

뜨거운 씨눈의 가슴으로
청과(靑果) 같은 목청의 노래를 하던
나의 새는
매일만큼 하나씩
산내음 섞인 바래움을 먹는다.
화안히 피어 오른
나의 내실(內室), 어디메선가
— 어느새 과일 떨어지는 소리.

내 넋의 유곡(幽谷) 너머를
내 마음속 연인은 알 수 있을까?
바다 빛깔만큼한 함성으로
유(柔)한 미소를 흘려 보내던
넓지 않은 뜰, 소담스런 화원 안

지금, 꽃들은 도란거리는 가슴.

어느 만큼 영글어 버린 눈매 사이로
가끔씩 오락거리는 구름은,
내 기억을 익혀
조금씩
조금씩
외로움의 의미를 안다.

정겨운 사람들의 대화는
흔들리는 바람 속에서
어느 잊기워진 열매의 시디신 과즙,
혹은
내일로 뻗어 갈 습성이 된다.

이제, 다시금 나의 방은
흩어지는 웃음 속의
실올 같은 언어.
태양 언저리만큼

정(情)에 익는다.

그 어느 날
씁쓸히 웃음 지으며
내 사랑하는 빛깔들과
언어들과
동물들과
여행 떠나기 전
나
어린애이고 싶다.

(1967)

빈센트 반 고흐의 죽음

새가 한 마리 하늘로 올라간다. 저 새를 쏘자, 쏘자. 새는 땅으로 떨어진다. 새는 검은 빛. 총탄은 단 한 발의 소비. 육식성 동물들의 냄새가 나기 시작한다. 나무들은 언제나 하늘로 오르려 하는 습성.

(1966)

나이테

일곱 살,
여덟 살,
아홉 살 적……
그때에 나의
좁다랗고 동그마한 머릿속에선
온 세상의 끝이
꼬옥
'열세 살' 위에 머물러 있다는
그런 쬐끄마한 생각을
퍽이나 훌륭한 발견이나 되는 것처럼
마음 깊숙이
간직하고 있었었다.
(열세 살은 초등학교를 '졸업'하게 되는 나이였다!)

열 살,
열한 살,
열두 살 적……
그러나
나의 그런 하나의 신념은

이 조그마한 한계에서
그만 머물러 버리고,
다시는
그런 어린애 같은 생각을
하지 않겠다고 결심하는
나 자신에 대한
심한 희열감에서,
나는 공연스레
그런 내가 혹시 바로 온 세상의 끝—천재나 아닐까 하고,
혼자 기뻐 황홀해 하였다.

열세 살과
그리고 열네 살,
마음속 자존심이 한껏 힘차게 부풀어 오를 때
그때부터 나는 사색을 했다.
그리고
그 사색들이 미처
내 머릿속에 다다르기도 전에
그것과 흡사한 낡디낡은 타인들의

무거운 충고가 나를 짓눌렀다.
그때까지도 나는 상하(上下)라는 것을 몰랐었다.
그러나 이때부터 나는
그 충고들의 영향에서 탈피하기 위해
'평범'을 싫어하게끔 되어버렸다.
그때부터 나에겐 신념이란 것조차 없어져 버렸다.

…………

해마다 바뀌어 가는 성장의 의미를
나는 커질수록 깨닫기 어려워했다.
그렇지만
그것이
나무가 나이테의 수에 따라 점점 굵어 가듯이
차차 커지리라는 것을
나는 이미 알고 있다.

(1965)

인생은 즐거워

태양빛이

너무 뜨거워

우산을

쓰니까

비가

온다.

(1984)

웃는 사람들

너무너무 웃다 보면 가끔은
신기스럽게도 울음이 나온다.
항상,
어느 한산한 끽다실, 엽차를 기다리는 마음으로
허허
웃는 사람들은
그렇게 그렇게 가끔을 운다.
사람들의 눈동자 위엔
안전제일주의, 불안
연착될 기차에의 조짐.
위트, 가벼운.

어쩌다 웃기 시작하면 정말
시간이 아까워진다. 웃음이 멈추기를 기다리다가
뱅그르르 거꾸로
돌고 있는 시계의 초침을 발견한다.
시계는 어느덧 과거.
지금을 부숴뜨린다.
역사가 심심해하는 오후에

하늘만큼 희미한 담배연기로
동그라미를 그리면서 웃는 사람들은
늙은 아담과 이브.

그러나 늙은 아담과 이브의 자식,
젊은 아담과 이브는
너무 젊고 싱싱해서 아주 진종일을
웃는다
하하하
허허허
웃다 보면 선악과
따먹던 시절, 빨가벗고 즐기던 시절이 생각난다.
지금은 그러나, 그러나,
자유, 자유, 자유,
옷으로 뒤덮인 자유,
무언가 가려야 하는 자유.

(1967)

나는 즐거운 레즈비언

나의 관능적 상상에 자극을 주는 것은 모두 다 자생적(自生的)인 관계로 묶여 있다. 뭐라고 할까, 살보다는 피가 섞이는 느낌이라고 해야 할까? 말하자면 남자와 여자의 관계보다는 동성애의 관계가 더 자극적이고, 타인과 타인의 관계보다는 근친상간이 더 자극적이고, 궁극적으로는 관계 자체가 없어지고 마는 자기애(自己愛 : narcissism)의 형태가 내겐 제일 자극적이다(어정쩡한 상대와 살을 섞는 것보다는 마스터베이션이 낫다). 이런 관계들은 피같이 끈적끈적하고 소름 끼치도록 감각적인 느낌으로 다가와서 나의 정신을 관능적으로 살아 숨 쉬게 만든다. 밤에 잠자리에 들어 아름다운 남자를 상상할 때, 그의 상대가 내가 아닌 또 다른 가상의 남자인 것은 이런 점에서는 당연한 일이다. 아무튼 아름다운 남자들끼리의 동성애적 분위기는 나를 자극시킨다.

하지만 이들의 관계가 단지 육체적인 것이라면 나는 싫다. 그것은 일상의 남녀 관계와 다를 바가 없다. 동성애가 더 자극적인 이유는, 육체적 관계 이전에 서로 '정신적인 성애(性愛)'를 허락했다는 사실 때문이다(상상력과 감성을 내포하는 정신은 훌륭한 성감대가 될 수 있다). 자연이 우리에게 강요한 종족보존의 본능이라는 법칙을 어기기까지에는, 어느 정도는 상당히 정신이 자유롭지 않으면 안 된다는 사실을 나는 알고 있기 때문에, 나는 자연을 거스르는 동성애가 훨씬 더

창조적인 에로티시즘으로 보인다. 그래서 나는 동성 간의 우정 역시 관능적으로 즐겨야 한다고 생각한다. 여자가 전혀 안 나오는 전쟁영화에서 나는 미묘한 오르가슴을 느끼며, 확실히 진짜 에로틱한 쾌감은 '사정(射精)과 수정(受精)'이 아니라 '발기(勃起)와 흥분'에 있는 것이라고 생각한다.

(1988)

장미여관과 민주주의

장미여관 앞을 지나가려면 불안하다
국화호텔 앞을 지나가려도 불안하다
강남의 러브호텔 앞을 지나가려면 더욱 불안하다

호텔의 커피숍에서, 공적(公的)인 일로
어떤 여자와 만나 커피를 마셔도 불안하다
여자와 섹스 없이 순진한 데이트로 만나
조용한 곳에서 얘기를 나누고 싶어
카페의 칸막이된 룸에서 만나고 있을 때도 불안하다

무엇이 갑자기 기습해 올 것 같다
누군가 갑자기 들이닥칠 것만 같다

지난 학기 연세대 원주 캠퍼스에 강의를 나갈 때
주민등록증이 있었는데도
나는 길에서 두 번이나 경찰에게 붙들렸다 그리고
파출소로 끌려가 컴퓨터 조회를 기다려야 했다
내 직업이 교수란 걸 확인하고 퉁명스럽게 풀어주었지만
나는 내가 왜 불심검문에 걸렸는지 아직도 모른다

넥타이를 안 매서 그랬을까
얼굴 표정이 너무 궁상스럽고 처량해 보여
무슨 불평분자처럼 보여서 그랬을까

여관방을 몇 시간 빌려 술을 시켜 놓고
섹스 없이 옅은 애무만을 즐기려 해도 불안하고
거기서 남들의 귀를 의식하지 않고 마음껏 이야기나 해보려고 해도 불안하고
아무튼 어디 가나 불안하다

모두들 민주화를 주장하고 또
민주주의는 개인주의라는데
요즘은 민주집단, 민중집단의 눈이 불안하고
민주적 집회가 불안하고
민주적 토론에서 목소리 큰 사람이나 그룹이 불안하고
그래서 민주주의 자체가 불안하다

(1989)

서기 2200년*

이곳엔 한 남자와, 우글거리는 전라(全裸)의 미녀들이 있다.

그는 스스로 아무 일도 하지 않는다
관능적인 몸맵시를 자랑하는
요염하기가 뼈에 사무칠 정도의 여인들이 방안에 가득히 우글거리며
온몸으로 그를 도와주며 또 스스로들 서로가 즐기고 있다.

아침.
한 여자가 입 안에 치약을 묻히고
섹시한 혀로 그의 이빨을 열심히 문지르고 있다.
그와 꼭 밀착돼서 꽉 껴안은 채 그의 양치질은 시작된다.
되새김한 물은 다른 여자의 입이 받으며
마지막 남은 약간의 치약기는 또 다른 여자가 이빨 사이사이를 빨아들이며 강렬하게 탈수시킨다.
그의 상쾌한 양치질이 끝나자
팽팽한 유방에 비누를 묻힌 여자가 세수하는 것을 도와주러 들어온다.
높고 넓은 풍성한 가슴으로 그의 얼굴을 열심히 비벼대며

세수를 시키는데 눈 주위나 귓가의 세밀한 곳은 젖꼭지가 큰 몫을 해낸다.

눈곱을 떼다 그의 눈알을 찌른 그 여자의 젖꼭지를 그는 더 이상 사용하기 꺼려한다.

얼굴 마사지가 끝난 후
여인들의 알몸뚱이가 교묘히 식탁을 만들고
그 위에 한 여자의 온몸이 접시 역할을 하는 아침식사가 들어온다.
유방 가득히 초콜릿이 묻어 있고
군데군데 박혀 있는 건포도가 그의 혀를 헛갈리게 한다.
그가 초콜릿을 빨아먹다 얼굴에 묻힌 초콜릿은 다른 여자가 핥아먹는다.
배꼽을 가린 딸기 잼에 비스킷을 찍어 먹으며
양 허벅지 사이에 찰싹 죄게 끼고 있는 주스도 빨아먹는다.
그녀의 입 속에는 앵두가 가득 담겨 있기에 하나하나씩 빼먹었고
발가락 사이에 낀 사탕 중에 하나를 골라 빨아먹었다.
그는 더 이상은 먹지 않는다.
어젯밤에 여러 여자들을 먹었기에 기분 좋게 배가 부르기 때문이다.

이제 그의 장난이 슬슬 시작된다.

드디어 그는 자신의 손을 쓰기 시작한다.

그는 여자의 겨드랑이 털과 음모들을 한 오라기씩 뜯어내기 시작한다.

하지만 그것으로 만족하지 못한다.

그는 다시 두 여자의 음모를 서로 엮어 따 서로 마주 보게 한다.

아니 서로 밀착돼서 하는 행동들을 보면서 무척 즐거워한다.

그들은 간격이 조금이라도 떨어지면 아프기 때문에 꽉 끼어 안고 뒹구는 모습이 그를 꽤 흡족하게 만든다.

그러자 참을 수 없다는 듯이

예외 없이 여러 명의 여자들이 한꺼번에 덤벼들어

혀로 그의 온몸 구석구석까지 샅샅이 뒤지기 시작한다.

그의 자지를 사정없이 빨아들이는 혀와 불알을 터뜨리려는 혀도 자극적이지만

콧구멍을 후비는 혀 또한 무시할 수 없다.

그가 도저히 참을 수 없게끔 되었을 때 한 명이 올라탔고

그 순서를 기다리는 여자들은 계속 강렬한 애무를 하고 있다.

이젠 그가 여자들의 가랑이들을 다 벌려 놓고

가지각색 음수(淫水)들의 간을 보기 시작한다.

이쪽저쪽에선 여인들이 자위행위를 스스럼없이 해보이고 있고 서로 엉키고 설켜 애무하며 미치도록 헉헉거리고 있다.

(그 소리들은 즉시 확성되어 스피커로 울려 나오고 있다. 그들은 최첨단의 효과음악, 최고의 오페라를 만들고 있음을 만족해한다.)

그들은 연주자로 충실하고 있다.

한쪽에선 여자 한 명을 벽에 딱 붙여 묶어 놓고 여럿이서 갖가지 방법으로 자극하기 시작한다.

얼음 마사지에서부터 여러 가지 실험무대가 마련된다.

그들의 놀이가 한바탕 끝나자 그는 목욕과 전신 마사지를 했다.

그러고 나선 점점 심심해지기 시작했다.

그는 모처럼 아니 처음으로 여자들에게 옷을 만들어 주기로 한다.

여자들은 모두 흥분해 있고 그의 새로운 계획에 무척 기대를 하고 있다.

그는 재단사에게 디자인을 제공했고 옷은 즉시 가지각색의 모양으로 만들어져 왔다.

젖꼭지만 덮인 브래지어,

젖꼭지만 뚫린 브래지어,

한 여자는 초록색 기저귀만 차고 있으며

어떤 여자의 팬티는 음모가 군데군데 삐져나오게
구멍이 뿡뿡 뚫려 있다.
맨몸에 빨간 장갑. 맨몸에
긴 빨간 양말만 신고 있는 여자. 갈가리 찢겨 나간 은색 스타킹.
알몸에 여우털을 두르고 있는 여자.
몸에 딱 붙는, 배꼽이 들어가고 젖꼭지가 나온 것까지 보일 정도로 육체의 볼륨을 느낄 수 있는 검정 가죽옷.
속이 훤히 들여다보이게 황금빛 그물을 몸에 걸치고 있는 여자 등등.
완성된 옷들을 보고 그들은 서로 웃었다.
너무나도 즐거운 웃음이었다.
그의 옷은
그곳만 가리워져 있었는데 발기할 때를 대비해서 특수 장치가 되어 있었다.
그의 자지가 발기할 때는 옷에 부착된 꽃이 활짝 펴져 피어나도록 되어 있다.
여자들은 그 꽃을 보기 위해 그를 간질였다.
그들은 그런 옷들을 입고 저녁 파티를 마련했다.
공작의 혓바닥 요리.

곰의 발바닥 요리.

용의 눈곱 볶음.

가지각색의 향기로운 술 등등, 마음껏 마시고 즐기며

서로가 서로를 무자비하게 탐닉한다.

그 또한 취해 영계(靈界)를 왔다갔다하듯 기세 좋게 해롱거리고 있다.

그는 색색 가지 페인트를 가져 오게 해서

벽을 천장에서 바닥까지 검정 페인트로 새까맣게 칠하도록 명령한다.

음식을 차린 식탁과 방안에 보이는 모든 물건들은 노랑색으로 범벅을 했으며

여인들도 하나하나씩 흰색, 핑크색, 파랑색, 빨강색, 초록색 등으로 머리끝에서 발끝까지 칠해버렸다.

그리고 그는 자기 자신만이 로봇이 아닌 살색 인간이라는 것을 만족해했다.

(*이 작품을 '시극(詩劇)'으로 보아도 좋다. 시극이란 대사가 운문으로 된 희곡이 아니라 작품 전체의 뭉뚱그려진 분위기가 상징적 암

시성과 계시성(啓示性)을 가지고 있는 것이어야 한다고 나는 생각한다. 시극에서 필요한 것은 언어가 아니라 꿈과 현실 사이에 다리를 놓아 주는 '보디랭귀지(body language)에 의한 관능적 판타지'이며, 따라서 이 작품을 무대화(또는 영상화)할 경우 연출자나 배우는 반드시 관능적 상상력이 발달한 '야한 사람'이어야 한다.)

(1989)

• 작가약력 •

1951년 - 3월 10일(음력), 가족이 한국전쟁 중 1·4 후퇴시 잠시 머문 경기도 수원에서 출생. 본적은 서울.

1963년 - 서울 청계초등학교 졸업. 대광중학교 입학.

1969년 - 대광고등학교 졸업. 연세대학교 국문학과 입학.

1973년 - 연세대학교 국문학과 졸업. 연세대 대학원 국문학과 입학.

1975년 - 연세대 대학원 국문학과 졸업(문학석사).
 - 방위병으로 군 복무.

1976년 - 연세대 대학원 국문학과 박사과정 입학.
 - 이후 1978년까지 연세대, 강원대, 한양대 등 시간강사 역임.

1977년 - 『현대문학』에 「배꼽에」「망나니의 노래」「고구려」「당세풍의 결혼」「겁(怯)」「장자사(莊子死)」 등 6편의 시가 박두진 시인에 의해 추천되어 문단에 데뷔.

1979년 - 홍익대학교 국어교육과 전임강사로 취임. 1982년 조교수로 승진.

1980년 - 처녀시집 『광마집(狂馬集)』을 심상사에서 출간.

1983년 - 연세대 대학원에서 「윤동주 연구」로 문학박사 학위 받음. 학위논문 『윤동주 연구』를 정음사(2005년 개정판부터 철학과현실사)에서 단행본으로 출간.

1984년 - 연세대학교 국문학과 조교수로 취임. 1988년 부교수로 승진.
- 시선집 『귀골(貴骨)』을 평민사에서 출간.

1985년 - 문학이론서 『상징시학』을 청하출판사(2007년 개정판부터 철학과현실사)에서 출간.

1986년 - 문학이론서 『심리주의 비평의 이해』를 청하출판사에서 출간.

1987년 - 평론집 『마광수 문학론집』을 청하출판사에서 출간.
- 문학이론서 『시창작론』을 오세영 교수와 공저로 방송통신대학 출판부에서 출간.

1989년 - 에세이집 『나는 야한 여자가 좋다』를 자유문학사(2010년 개정판부터 북리뷰)에서 출간.
- 시선집 『가자, 장미여관으로』를 자유문학사에서 출간.
- 5월부터 『문학사상』에 장편소설 『권태』를 연재하여 소설가로서의 활동을 시작함.

1990년 - 장편소설 『권태』를 문학사상사에서 출간(2011년 개정판부터는 책마

　　　　루에서 출간).
　　－ 장편소설 『광마일기』를 행림출판사(2009년 개정판부터는 북리뷰)에서 출간.
　　－ 에세이집 『사랑받지 못하여』를 행림출판사에서 출간.
1991년 － 1월에 이목일, 이외수, 이두식 씨와 더불어 서울 동숭동 '나우 갤러리'에서 〈4인의 에로틱 아트전〉을 가짐.
　　－ 문화비평집 『왜 나는 순수한 민주주의에 몰두하지 못할까』를 민족과문학사(재판부터는 사회평론사)에서 출간.
　　－ 장편소설 『즐거운 사라』를 서울문화사에서 출간.
　　－ 간행물윤리위원회의 판금 조치로 출판사에서 자진 수거·절판됨.
1992년 － 에세이집 『열려라 참깨』를 행림출판사에서 출간.
　　－ 장편소설 『즐거운 사라』 개정판을 청하출판사에서 출간.
　　－ 10월 29일, 『즐거운 사라』가 외설스럽다는 이유로 검찰에 의해 전격 구속되어 서울구치소에 수감됨.
　　－ 12월 28일, 『즐거운 사라』 사건 1심에서 징역 8월에 집행유예 2년 판결을 받음.
1993년 － 2월 28일, 연세대학교에서 직위 해제됨.
1994년 － 1월에 서울 압구정동 다도 화랑에서 첫 번째 개인전을 가짐. 유화,

아크릴화, 수묵화 등 70여 점 출품.
- 『즐거운 사라』 일본어판이 아사히 TV 출판부에서 번역·출간되어 베스트셀러가 됨.
- 문화비평집 『사라를 위한 변명』을 열음사에서 출간.
- 7월 13일, '즐거운 사라' 사건 2심에서 항소 기각 판결을 받음.

1995년 - '즐거운 사라' 필화사건의 진상과 재판과정, 마광수의 문학 세계 분석 등을 내용으로 연세대 국문학과 학생회가 쓰고 엮은 『마광수는 옳다』가 사회평론사에서 출간됨.
- 6월 16일, '즐거운 사라' 사건 대법원 상고심에서 상고 기각 판결 받음. 동시에 연세대학교에서 해직되고 시간강사로 됨.
- 철학에세이 『운명』을 사회평론사(2005년 개정판부터 『비켜라 운명아, 내가 간다』로 제목을 바꿔 오늘의 책)에서 출간.

1996년 - 장편소설 『불안』을 도서출판 리뷰앤리뷰(2011년 개정판부터 제목을 『페티시 오르가즘』으로 바꿔 Art Blue)에서 출간.

1997년 - 장편에세이 『성애론』을 해냄출판사에서 출간.
- 문학이론서 『시학』을 철학과현실사에서 출간.
- 문학이론서 『카타르시스란 무엇인가』를 철학과현실사에서 출간.
- 시집 『사랑의 슬픔』을 해냄출판사에서 출간.

1998년 - 장편소설『자궁 속으로』를 사회평론사(2010년 개정판부터『첫사랑』으로 제목을 바꿔 북리뷰)에서 출간.
- 3월 13일에 사면·복권되고 5월 1일에 연세대 교수로 복직됨.
- 에세이집『자유에의 용기』를 해냄출판사에서 출간.

1999년 - 철학에세이『인간』을 해냄출판사(2011년 개정판부터 제목을『인간론』으로 고쳐 책마루)에서 출간.

2000년 - 장편소설『알라딘의 신기한 램프』를 해냄출판사에서 출간.
- 7월에 이른바 〈교수재임용 탈락 소동〉이 국문학과 동료교수들의 집단 따돌림으로 일어나, 배신감으로 인한 심한 우울증에 걸려 3년 반 동안 연세대를 휴직함.

2001년 - 문학이론서『문학과 성』을 철학과현실사에서 출간.

2003년 - 강준만 외 5인이 쓴『마광수 살리기』가 중심출판사에서 나옴.

2005년 - 에세이집『자유가 너희를 진리케 하리라』를 해냄출판사에서 출간.
- 장편소설『광마잡담(狂馬雜談)』을 해냄출판사에서 출간.
- 6월에 서울 인사동 인사 갤러리에서 〈마광수 미술전〉을 가짐.
- 장편소설『로라』를 해냄출판사에서 출간.

2006년 - 2월에 일산 롯데마트 갤러리에서 〈마광수·이목일 전〉을 가짐.
- 시집『야하디 얄라숑』을 해냄출판사에서 출간.

- 문학론집 『삐딱하게 보기』를 철학과현실사에서 출간.
- 장편소설 『유혹』을 해냄출판사에서 출간.

2007년 - 1월에 〈색色을 밝히다〉 전시회를 서울 인사동 북스 갤러리에서 가짐.
- 시집 『빨가벗고 몸 하나로 뭉치자』를 시대의창에서 출간.
- 4월에 소설 『즐거운 사라』를 인터넷 홈페이지에 올렸다는 이유로 기소되어 벌금 200만 원 형을 판결 받음.
- 7월에 미국 뉴욕 Maxim 화랑에서 〈마광수 개인전〉을 가짐.
- 에세이집 『나는 헤픈 여자가 좋다』를 철학과현실사에서 출간.
- 문화비평집 『이 시대는 개인주의자를 요구한다』를 새빛에듀넷에서 출간.

2008년 - 문화비평집 『모든 사랑에 불륜은 없다』를 에이원북스에서 출간.
- 단편소설집 『발랄한 라라』를 평단문화사에서 출간.
- 중편소설 『귀족』을 중앙북스에서 출간.

2009년 - 연극이론서 『연극과 놀이정신』을 철학과현실사에서 출간.
- 소설집 『사랑의 학교』를 북리뷰에서 출간.
- 4월에 서울 청담동 '갤러리 순수'에서 〈마광수 미술전〉을 가짐.

2010년 - 시집 『일평생 연애주의』를 문학세계사에서 출간.

2011년 - 장편소설 『돌아온 사라』를 Art Blue에서 출간.
- 2월에 〈소년, 광수 미술전〉을 서울 서교동 '산토리니 서울' 갤러리에서 가짐.
- 에세이집 『더럽게 사랑하자』를 책마루에서 출간.
- 5월에 〈마광수 초대전〉을 서울 삼청동 연 갤러리에서 가짐.
- 화문집(畵文集) 『소년 광수의 발상』을 서문당에서 출간.
- 장편소설 『미친 말의 수기』를 꿈의열쇠에서 출간.
- 산문집 『마광수의 뇌 구조』를 오늘의책에서 출간.
- 장편소설 『세월과 강물』을 책마루에서 출간.

2012년 - 육필 시선집 『나는 찢어진 것을 보면 흥분한다』를 지식을만드는지식에서 출간.
- 3월에 〈마광수·변우식 미술전〉을 서울 인사동 '토포 하우스'에서 가짐.
- 산문집 『마광수 인생론 : 멘토를 읽다』를 책읽는귀족에서 출간.
- 장편소설 『로라』 개정판을 『별것도 아닌 인생이』로 제목을 바꿔 책읽는귀족에서 출간.
- 시집 『모든 것은 슬프게 간다』를 책읽는귀족에서 출간.

2013년 - 소설 『청춘』을 책읽는귀족에서 출간.
- 장편 에세이 『나의 이력서』를 책읽는귀족에서 출간.

- 단편소설집 『상상 놀이』를 책읽는귀족에서 출간.
- 문화비평집 『육체의 민주화 선언』을 책읽는귀족에서 출간.
- 소설 『2013 즐거운 사라』를 책읽는귀족에서 출간.
- 장편에세이 『사랑학 개론』을 철학과현실사에서 출간.
- 시집 『가자, 장미여관으로』 개정판을 책읽는귀족에서 출간.

가자, 장미여관으로(개정판)

초   판 1쇄 발행 | 1989년 5월 15일
개정판 1쇄 발행 | 2013년 9월 24일
       2쇄 발행 | 2017년 9월 6일

지은이 | 마광수
펴낸이 | 조선우
펴낸곳 | 책읽는귀족

등록 | 2012년 2월 17일 제396-2012-000041호
주소 | 경기도 고양시 일산동구 장백로 19 (백석동, 더루벤스카운터 901호)
전화 | 031-908-6907
팩스 | 031-908-6908
홈페이지 | www.noblewithbooks.com
트위터 | http://twtkr.com/NOBLEWITHBOOKS
E-mail | idea444@naver.com

책임 편집 | 조선우
표지 & 본문 디자인 | 아베끄
표지 그림 | 마광수

값 12,000원

ISBN 978-89-97863-20-4 03810

※ 잘못 만들어진 책은 구입하신 서점에서 바꿔드립니다.

이 도서의 국립중앙도서관 출판시도서목록(CIP)은 서지정보유통지원시스템 홈페이지 (http://seoji.nl.go.kr)와 국가자료공동목록시스템(http://www.nl.go.kr/kolisnet)에서 이용하실 수 있습니다.(CIP제어번호: CIP2013015263)